KB267549

한국의 길을 걷고 있는 예수

The Christ of The Korean Heart
by Arch Campbell

Originally published as The Christ of
The Korean Heart by Arch Campbell
Published by Falco Publishers, 1954.

The Korean edition is published with permission of
the grandchildren of the author, Magaret A. Mann and her brothers.

한국의 길을 걷고 있는 예 수

감부열 선교사 지음 | 민경진 옮김

THE CHRIST OF THE KOREAN HEART

아바서원

contents

1

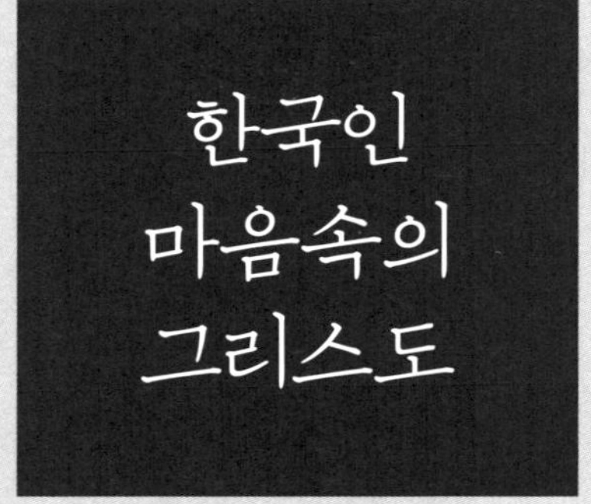

The Christ of the
Korean heart

마음을 열고 진심으로 주님을 영접한 이들은 평범한 남자와 평범한 여자, 평범한 아이들이다. 피곤한 발로 거친 길을 걸을 때, 무릎까지 빠지는 논밭에서 인내하며 일할 때, 강가에서 열심히 빨래 방망이를 두드릴 때, 새벽마다 기도하러 춥고 어두운 교회에 모일 때, 귀한 예수의 이름으로 만복의 근원이신 하나님을 찬양하러 주일마다 새하얀 옷을 입고 빛나는 얼굴로 교회에 모일 때, 예수님은 그들의 마음속에 살아계신다.

오늘도 주 예수 그리스도의 순례는, 한국의 비좁고 누추한 난민촌과 황량하고 암울한 야전병원, 흙먼지 자욱한 도로 위와 서둘러 재건한 진흙투성이 마을의 골목길, 혼잡하고 냄새나는 장터와 무너지는 벙커와 교착된 전선의 참호를 거쳐, 불타서 무너진 도시의 잿더미 사이로 이어지고 있다. 그러나 그분은 주목과 환영을 받지 못한 채 연민과 열망의 눈길로 목자 없는 양떼를 바라보시는 외로운 미지의 인물이 아니다. 그분은 자신을 우리의 죄와 슬픔을 친히 감당하신 친밀한 친구로 알고 있는 수십만 한국 기독교인의 가슴속에 간직된 채 그 순례길을 걷고 계신다. 이들은 세련된 서양에서는 찾기 힘든 뜨거운 열정으로 그분을 사랑하는 사람들이다.

그리스도는 한국의 혼잡한 도로나 외진 길을 걷지만, 도로에만 계신 분이 아니다. 그분은 한국인의 마음속에 계신 분이다. 그분은 한국의 도로만을 걷는 게 아니라 한국인들의 마음속에서 걷고 계신다. 그분은 한국인들 사이에 '예수'라 불리기 때문에 어쩌면 '한국인 마음속의 예수'라는 표현이 더 어울릴 것이다.

아들을 낳으리니 이름을 예수라 하라. 이는 그가 자기 백성
을 그들의 죄에서 구원할 자이심이라 하니라.

아련히 떠오르는 기억이 하나 있다. 매섭게 추운 12월의 어느
늦은 밤, 북한 산간마을의 장터거리를 걸을 때였다. 길가에 늘
어선 상점들은 하루의 일과를 마치고 판자문을 닫았다. 그때
어떤 집 창호지문을 뚫고 엷은 노란색 불빛이 새어 나왔다. 아
담하고 아늑한 그 집에선 낮은 곡조의 노랫소리가 흘러나왔다.
"예수, 예수, 귀하신 예수."
수천 가구에 달하는 어느 기독교 가정처럼 이 소박한 가족도
하루 일과로 지친 몸을 온돌바닥에 뉘기 전에 가정예배를 드리
고 있었다. 이 장면을 기억하면서 언덕 위의 우리 집을 향해 올
라가노라면 내 마음이 이상하게 따뜻해진다.
예수는 더 이상 괴상한 얼굴과 이상한 옷을 입은 서양 악마가
외쳐대는 낯선 교리가 아니다. 예수님은 "우리를 사랑하시는 구
주"이다. 남녀노소를 불문하고 수많은 사람이 '예수님은 나의
구세주'임을 확신하고 있다.

주님을 만난 사람들, 주님을 만난 교회

얼마 전 미국의 어느 교회에서 한국에 대해 간증할 기회가 있었다. 간증 직전에 그곳 성가대가 한국인들이 즐겨 부르는 오래된 찬송가를 불렀다.

"만 입이 내게 있으면 그 입 다 가지고, 내 구주 주신 은총을 늘 찬송하겠네."

나는 마음속으로 작사자 웨슬리의 바람이 성취되었다고 생각했다. 웨슬리는 지금 만 개의 입을 갖고 있다. 다름 아닌 한국에서다. 이 찬송가를 작사할 당시에는 한반도에 위대한 구원자를 찬송할 입이 단 하나도 없었지만, 이제는 수천 배나 늘어 수천의 입이 찬송하고 있지 않은가!

오늘 예수님은 이 가련한 땅에 사는 백만 명의 가슴속에 살아 계신다. 이 땅은 하나님을 모르는 인간의 탐욕과 서양이 몰고 온 전쟁, 그 파괴력과 불행과 고통의 면에서 역사상 유례를 찾기 힘든 전쟁의 참화로 갈가리 찢기고 황폐해진 곳이다. 바로 이곳에, 고통으로 신음하는 사람들에게 예수께서 찾아오셨다. 예수님은 위로를 베푸시고, 무거운 짐진 자에게 힘을 주시며, 어둡고 누추한 초막 안으로 또 다른 빛을 비추시고, 세상이 빼앗을 수 없는 기쁨을 주시고, 모든 지각에 뛰어난 평강을 불어넣으시고 어둔 밤에 찬양케 하기 위해 찾아오셨다.

나는 이정길이라는 청년을 대전에서 만났다. 대전은 윌리엄 딘 소장이 필사적으로 저항했지만 끝내 적의 포로가 되는 바람에 유명해진 도시이다. 이정길은 미군 폭격기의 기관총 난사로 부상을 입어 다리 하나를 절단해야 했다. 그의 집과 가족 중 일부는 소이탄으로 피해를 입었다. 이정길이 타던 소는 굶주린 군인들에게 빼앗겼다. 그는 임시방편으로 만든 목발을 짚고 절뚝거리면서 마침내 대전에 도착했고, 기독교 수족절단자 재활센터에서 의족을 맞췄다. 거기서 그는 마음을 열고 예수님을 영접했다. 그때부터 그는 매 주일마다 절뚝거리는 다리로 6km가 넘는 거리를 걸어 예배에 참석했다.

하루는 그가 자신이 끌고 다니는 행상용 손수레를 자랑스럽게 보여 주었다. 그 손수레에 가족의 생계가 달려 있었다. 신나는 눈빛으로 "이제는 구걸하지 않아도 됩니다"라고 말하며, 그는 나를 집으로 초대했다.

몸 하나가 간신히 빠져나갈 만큼 좁은 골목길은 더럽고 냄새가 났다. 자그마한 흙바닥 부엌으로 연결된 출입문은 낮고 좁았다. 상자 같은 방은 온갖 물건으로 가득 차 있어 어두침침했다. 방에는 15㎠ 크기의 정사각형 창문이 있었고 갈색 창호지를 통해 빛이 들어왔다. 밖은 대낮이었다.

어떻게 예수님을 영접했고 어떻게 기쁨을 얻게 되었는지 말하는 그의 얼굴에서는 이 세상에 속하지 않는 광채가 났다. 이 어둡고 비좁은 오두막에 "예수 그리스도의 얼굴에 있는 하나님의 영광을 아는 지식의 빛"이 빛나고 있었다.

물론 예수님은 여러 해 동안 한국의 훌륭한 대통령의 마음속에 계셨고, 많은 장관들과 몇몇 고위 장성들, 또 여러 학자들과 부자들의 영접을 받으셨다. 그러나 마음을 열고 진심으로 주님을 영접한 이들은 평범한 남자와 평범한 여자, 평범한 아이들이다. 피곤한 발로 거친 길을 걸을 때, 무릎까지 빠지는 논밭에서 인내하며 일할 때, 강가에서 열심히 빨래 방망이를 두드릴 때, 새벽마다 기도하러 춥고 어두운 교회에 모일 때, 귀한 예수의 이름으로 만복의 근원이신 하나님을 찬양하러 주일마다 새하얀 옷을 입고 빛나는 얼굴로 교회에 모일 때, 예수님은 그들의 마음속에 살아계신다.

예수 그리스도의 교회는 현재 암담한 한국의 현실에서 유일하게 밝은 곳이다. 교회의 특징은 뜨거운 기도, 말씀을 사랑하는 것, 구원의 이야기를 들려주는 열정, '그들의 힘을 넘어' 베푸는 것, '주님의 이름을 위해' 받는 박해, 순교자의 면류관이다.

마음속에 떠오르는 또 하나의 장면이 있다. 항구도시 인천은 맥아더 장군이 성공적으로 상륙작전을 수행한 곳이다. 그로 인해 수도 서울을 탈환하고 공산군을 압록강까지 쫓아버릴 수 있었다. 인천에 미군의 포장박스에서 나온 나무판자들로 만든 조그만 교회가 있었다. 지붕은 녹슨 함석판으로 만들었는데, 총알이 뚫은 구멍과 못이 너무도 많아서 오리온성좌에서 플레이아데스성단까지 별로 가득한 하늘을 상상할 수 있을 정도였다. 바닥은 딱딱한 맨땅에 쌀부대를 깔았다.

바로 이 교회에서 어느 장로교 노회의 회의가 개최되고 있었다. 황해노회는 한때 소속 교회가 200여 개나 되는, 휴전선 북쪽에서 가장 큰 노회의 하나였다. 그 산하에는 학생이 850명이나 되는 큰 성경연구원도 있었다. 이 연구원은 한반도 곳곳에서 수많은 청중을 불러 모으곤 했던 '한국의 빌리 선데이', 김익두 목사를 비롯해 유명한 지도자들을 많이 배출했다.

그런데 전쟁으로 황해의 도시와 마을과 교회가 풍비박산이 나서 폐허가 되다시피 했다. 교회는 겨우 20여 명의 생존자가 간신히 명맥을 유지했다. 교단 전체가 공산군의 기관총에 무참히 살상되었고, 시신으로 가득한 대규모 무덤이 생겼다. 많은 목사들과 장로들이 공산당 경찰조에 체포되어 끌려간 후 돌아오지 못했다. 많은 사람들이 '인민의 적'이라는 죄명으로 체포되어 공개적으로 처형되었다.

그런 이곳에 피난민 노회가 생긴 것이다. 가난하고 가련한 사람들이 세운 포장박스로 만든 교회나 천막 교회가 남한의 인구 밀집 지역 곳곳에 우후죽순 생겼다. 이 교단에서 세 명의 젊은이가 목사안수를 받는 중이었다. 이들은 몇 달 동안 토굴과 산속에 숨어 지내며 공산당의 강제 징용을 용케 피해 월남한 사람들이었다. 웅장한 건축물이나 영혼을 울리는 음악은 없었지만 안수식은 위엄 있고 진지하게 진행되었다. 1세기 초대교회의 단단한 믿음과 불굴의 열정이 바로 이곳에서 재현되고 있었다.

안수기도와 엄숙한 안수 의식이 치러진 후 신참 목회자에게 주는 당부의 말이 있었다. 이 말을 전한 사람은 70년 넘게 사역하는 동안 일본인과 공산군에게 감금과 폭행을 당하고 여러 번 절체절명의 위기를 넘긴 고령의 원로목사였다. 처음에는 목회의 책임과 온전한 헌신의 필요성에 대해 몇 마디 했다. 그런 뒤 노목사는 젊은 목사들의 손을 차례로 잡고 상대방의 눈을 정면으로 응시한 채 세월의 풍파에 시달린 두 뺨을 눈물로 적시며 떨리는 목소리로 다음과 같이 말했다.

"죽기까지… 충성하시오!"

“죽기까지… 충성하시오!”

“죽기까지… 충성하시오!”

나는 이제까지 감동적인 의식에 많이 참석했다. 근사한 박사 가운, 화려하고 멋진 환경, 훌륭한 음악, 일류급 목소리, 뛰어난 연설, 장엄한 행진, 놀라운 장관 등이 수놓인 의식들. 하지만 내 평생 이에 견줄 만한 영혼을 울리는 감동적인 의식은 없었다.

믿음으로 갚는 빚

안동시는 90%가 파괴되었다. 집 잃은 주민들은 시의 남쪽 산비탈에 솔가지를 얼기설기 엮어 임시 거처를 마련한 뒤 두 달간 어려운 시간을 보냈다. 그들이 도시로 복귀한 지 불과 두 달 만에 나는 초대를 받아 여러 일을 하게 되었는데, 그중 하나가 중앙교회에서 성경사경회를 개최하는 것이었다. 그 교회는 전쟁의 참화가 비껴간 소수의 큰 건물 중 하나였다. 담임목사는 지난번 추수감사주일에 성도들의 헌금 액수가 지난해보다 3배가 늘었다고 했다. 나는 눈을 크게 뜨고, “그게 가능해요?”라고 물었다. 목사가 간단히 대답했다. “아, 전에는 일부만 바치던 십일조를 이젠 모든 성도가 내고 있습니다.” 그리고 이렇게 덧붙였다. “성도들이 눈에 보이는 것은 잠깐이고 보이지 않는 것은 영원하다는 사실을 깨달은 것입니다.”

마음속에 주님을 구원자로 영접한 한국인은 백만 명에 이르는데, 이들은 해외 선교사들이 전도한 사람들이 아니다. 선교사가 전도한 사람은 극히 일부일 뿐이다. 대부분은 먼저 믿은 선배들의 입술을 통해 복음을 접했다. 복음의 메시지는 입에서 입으로, 마음에서 마음으로 전해진다.

“우리가 보고 들은 바를 너희에게도 전함은 너희로 우리와 사귐이 있게 하려 함이니 우리의 사귐은 아버지와 그의 아들 예수 그리스도와 더불어 누림이라”(요일 1:3).

이것은 오랜 시간이 걸린다. 처음에 동의를 얻는 것은 어렵지 않지만 새로운 사고와 행동의 습관이 정착되는 데는 여러 주와 여러 달, 심지어는 몇 년이 걸리기도 한다. 배경이 거의 없는 상태에서 죄와 용서, 영생과 예배, 거룩 등의 개념을 이해하는 일은 매우 천천히 진행된다. 이런 과정은 좀 더 성숙한 한국인만이 초신자에게 전달해 줄 수 있다. 한국인들은 어린 아기를 등에 업고 다니곤 한다. ‘하나님의 어린이들’에게도 그렇게 할 필요가 있다.

하나님의 귀한 자녀들이 전쟁의 참화와 온갖 고난과 박해 중에도 보여 준 믿음의 이야기는 미국 기독교인들의 가슴에 감사와 격려, 자극과 확신을 불러일으켜야 마땅하다. 그 이야기는 이미 축복을 가져다주었고, 심지어는 회개를 불러일으켰다.

어떤 부유한 미국교회를 방문했는데 담임목사가 나를 자신의 서재로 이끌더니 이실직고하듯 고백했다. 그는 최근에 그 교회에 부임한 목사였다.

"이곳의 상황은 참담합니다. 당신이 도와주길 바랍니다. 전임목사는 해외선교에 관심이 없었습니다. 구제 헌금이 1만 6천 달러에서 700달러로 떨어졌습니다. 전에는 재정이 풍족했지만 교회를 위해서만 사용했습니다. 당신이 성도들의 관심을 환기시켜 이곳 상황이 바뀌기를 바랍니다."

그것은 정말 어마어마한 도전이었다. 풋내기 시골 선교사가 부유한 교인들이 모인 곳에서, 그것도 명문대학 박사학위를 가진 목사도 감당하지 못한 일을 어떻게 할 수 있겠는가? 나는 그저 한국 기독교인들의 신앙 이야기를 그들에게 들려주기로 결심했다. 암담한 상황에서 한국 성도들이 보여 준 열정과 희생, 나눔, 영혼 구원, 고난과 승리에 대해 담담히 증언했다.

며칠 후 그 목사와 그 교회의 장로들로부터 편지를 받았다. "이 교회의 역사가 이제부터 달라질 것을 확신해도 좋습니다." 그리고 일 년 후에 이런 소식을 들었다. "해외 선교헌금이 10배나 증가했습니다."

이보다 작은 규모의 변화는 여러 번 목격했다. 미국 친구들이 종종 엄지손가락과 집게손가락 반 인치 정도를 벌린 후 이렇게 말한다. "당신의 한국인들이 우리를 이만한 크기로 느끼게 합니다!" 나는 한국이 기여할 부분이 있다는 것을 깨달았다.

나는 어느 대규모 연맹의 연례행사에서 설교한 적이 있다. 그저 몇몇 한국 기독교인들의 신앙 이야기를 들려주었다. 모임이 끝났을 때, 남아메리카에서 온 교회 지도자가 이렇게 물었다. "혹시 이 이야기를 글로 쓴 것이 있습니까? 이 이야기를 우리나라의 신자들에게 가져가서 그들의 축복과 본보기가 되게 하고 싶습니다."

한국의 선교현장으로 돌아온 후 나는 몇몇 형제들에게 물어보았다.

"미국의 기독교인들이 여러분에게 보내 준 옷과 식품, 그리고 무너진 교회의 재건에 필요한 재정 지원에 대해 여러분이 보답할 수 있다고 생각하십니까?"

"천만에요, 어찌 만분의 일이라도 갚을 수 있겠습니까?"

"그런데 여러분이 벌써 그 빚을 갚고 있다는 것을 모르시죠?"

"어떻게요?"

"금보다도 더 귀한 것으로요. 뭔지 아시죠?"

"믿음이죠!"

놀라운 탄성이 많은 사람들의 입술로부터 터져 나왔다.

여러분은 많은 환난 중에서도 성령께서 주시는 기쁨을 가지고 말씀을 받아들여 우리뿐만 아니라 주님까지 본받았습니다. 그래서 여러분은 마케도니아와 아카이아에 있는 모든 신도의 모범이 되었습니다. 주님의 말씀이 여러분으로부터 마케도니아와 아카이아 지방에 두루 퍼졌을 뿐만 아니라 여러분이 하느님을 잘 믿고 있다는 이야기가 사방에 널리 퍼져 나갔으니… (살전 1:6-8, 공동번역)

내가 이 책을 쓴 목적은 주님을 사랑하는 미국 기독교인들에게 고통과 고난으로 가득한 이 땅의 형제자매들이 신앙을 지켜온 이야기를 들려주어 그것이 축복과 영감으로 드러나서 '하나님의 영광을 찬송하는' 결과를 낳는 것이다.

한국의 기독교인들은 '기독교라는 종교를 받아들인' 것이 아니다. 그들은 기독교적인 '생활방식'을 따라 하는 것도, 새로운 종교로 영입된 것도 아니다. 한국인들은 한 인격을 소개받았는데, 그분은 이 땅에서 이미 살았고 또 영원히 살아계신 가장 놀라운 분이다. 그분은 한국인들을 너무나 사랑하셔서 그들을 위해 돌아가셨고, 자신과의 영원한 교제로 한국인들을 초대하신 분이다. 문 앞에 서서 두드리며 그들 속으로 들어가서서 "그들과 함께 먹고" 싶다고 제안하시는 분이다. 그리고 한국인들은 문을 열고 그분을 영접했다.

2

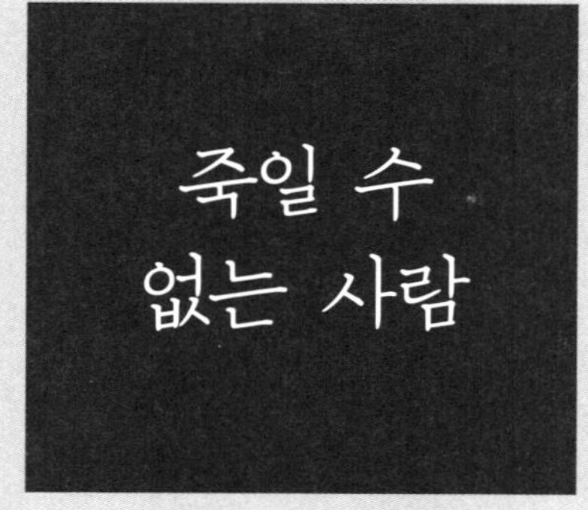

the Christ of the
Korean heart

그들에게 예수님의 사랑은 따뜻한 잠자리, 쌀밥 한 그릇, 학교, 읽는 법을 배우는 것, 그들에게는 안 보이는 세계에 대해 배우는 것, 그리고 모든 사람에게 안 보이는 세계에 대해 배우는 것을 의미했다.

"공산군 총살형 집행대가 나를 마을 뒤편으로 끌고 가서 총살을 시키려고 했을 때 나는 마지막 순간이 온 것이라고 생각했습니다."

이영식 목사는 빙긋 웃으며 말했다.

"이상하게도 내 머릿속을 스쳐간 것은 죽음에 대한 공포나 사랑하는 가족을 다시는 볼 수 없다는 뼈저린 고통이 아니었습니다. 오히려 조금밖에 일하지 못했다는 자책감이었습니다."

이영식 목사는 대구 근교에 있는 천 명을 수용하는 나환자촌에서 9년 동안 섬겼다. 나병은 실로 끔찍한 질병이었지만 그는 그것을 무서워하지 않았다. 나병이 혐오스럽게 보이긴 해도 그리 두려워할 필요가 없고, 결핵, 장질부사, 적리, 임질 같은 병에 비하면 덜 치명적이란 것을 그는 알고 있었다. 그는 살이 문드러진 환자들과 매일 몸을 부대끼며 살았다.

그리고 많은 나환자들이 훌륭한 기독교인이 되었다. 나환자촌에 들어올 때 신자였던 사람은 아무도 없었지만 얼마 안 있어 그들은 기독교가 버림받고 소외된 사람을 사랑한다는 것이 무슨 뜻인지를 깨달았다. 몇몇 늙은 맹인 나환자들은 성경을 수천 구절이나 줄줄이 암송할 수 있었다. 그들의 부어오른 얼굴에서 이 세상에 속하지 않은 광채가 빛났다.

제2차 세계대전 중에 이 목사는 일본에 갔다. 교토는 불교사찰이 많기로 유명했는데 전쟁 산업이 없어서 미군의 공습은 피할 수 있었다. 이 목사는 시각장애자와 청각장애자를 가르치는 학교를 이곳에서 처음 목격했다. 시각장애 아동이 손으로 점자를 읽는 것과 청각장애 아동이 입술로 글을 읽고 말을 배우는 광경에 그는 전율을 느꼈다. 서울과 평양에도 이와 유사한 기관이 있었지만 그의 고향인 대구에는 그런 학교가 없었다. 그는 대구에도 그런 학교가 꼭 필요하다고 생각했다.

전쟁이 끝나자 그는 무언가를 시작해야겠다고 결심하며 대구로 돌아왔다. 그러나 한동안 그는 대구 형무소에서 교화목사로 일했다. 1946년에 좌익 계열이 일으켰다가 실패한 십일사건 당시 이영식 목사

대구 등대 맹아학교 교장 이영식

가 그곳 형무소에서 사역하고 있었다. 그는 그곳에 수감된 남로당원들에게 최선을 다해 복음을 전했다. 그들은 종교에 관한 말을 귀담아듣지 않았지만, 이 목사는 친절과 사랑으로 그들을 전도하려고 애썼다.

그러던 중 그는 교토학교 출신의 맹인을 만났는데, 그 사람은 점자 읽는 법을 알 뿐만 아니라 가르칠 수도 있었다. 또한 농아를 가르칠 수 있는 젊은 여성도 만났다. 도처에서 많은 장애아들이 도움을 기다리고 있었기에 학생을 모으는 일은 어렵지 않았다.

이 목사는 선교부에 찾아가 고쳐야 쓸 수 있는 건물 한 채를 사용할 수 있게 해 달라고 요청했다. 그곳은 문과 창문이 모두 떨어져서 그야말로 아무것도 없는 빈 건물이었다. 이 목사는 선교부의 허락을 받아 뼈대만 남은 건물에서 장애인 학교를 시작했다. 휑하게 뚫린 창문에는 종이를 바르고 문마다 커튼을 걸었다. 많은 아이들이 거기서 기숙했다. 난방수단이라곤 숯불이 담긴 깡통 몇 개가 전부였다. 선교부는 화재안전 규정을 만들어야 했는데, 그것은 건물보다도 어린아이들의 안전을 염려했기 때문이었다.

죽을 고비를 넘기다

1950년 여름, 한국 전쟁이 발발해 공산군이 남쪽으로 내려오자 이영식 목사는 낙동강 건너편 성주군에 사는 친척과 친구들이 염려되었다. 그는 공산군이 몰려오기 전에 그들을 찾아내 피신시키려고 강을 건너갔다. 그런데 이 목사가 친척과 친구들과 함께 강에 도착했을 때 미군이 길목을 막고 전쟁 피난민이 강을 건너 남쪽으로 가는 것을 허락하지 않았다. 전투수행에 방해가 되자 길을 막아버린 것이었다.

이영식 목사 일행은 어쩔 수 없이 발길을 되돌렸다. 그는 신분을 숨기려고 했지만 결국은 경찰에게 체포되었고, 재판을 통해 사형을 언도받았다. 죄명은 세 가지였다. 첫째, 그는 '반동분자' 이승만 정권의 경찰이다. 그가 목사로 섬긴 교도소가 경찰청 소속이었으므로 그는 경찰로 간주되었던 것이다. 둘째, 그는 기독교인인즉 우익분자다. 셋째, 그는 안수받은 목사였기에 '미국 제국주의자의 사냥개' 노릇을 한 사람이다.

총살형 집행대가 처형장에 도착했을 때, 이영식 목사는 마지막으로 하나님께 간절히 고백하고 싶은 마음에 압도되었다. 그것은 범죄에 대한 고백이 아니었다. 거짓이나 증오, 악독한 일에 대한 고백도 아니었다. 그의 가슴을 무겁게 짓누른 것은 가치 있는 인생을 살지 못했다는 자책감이었다. 남의 유익을 구하는 삶을 살아야 할 줄 알면서도 아는 만큼 실천하지 못한 것에 대한 후회였다.

"나를 쏘기 전에 잠시 내게 기도할 시간을 주시겠소?"

이 목사는 책임 장교에게 물었다. 장교는 의아해하면서도 측은한 마음이 들었는지 허락했다.

"좋다, 하지만 빨리 끝내라우."

그런데 이 목사가 기도하려고 땅에 무릎을 꿇었을 때 집행대원 중 한 명이 그를 알아보았다.

"잠깐만요. 이 사람을 알아요. 내가 대구 형무소에 있을 때 거기에 있던 사람입니다. 그는 우리를 친절하게 대해 주었습니다. 다른 경찰들과는 달랐어요. 우리에게 정말로 잘해 줬어요, 특히 우리 공산주의자들에게 그랬어요."

그러자 책임 장교는 이 목사에게 물었다.

"뭐 할 말 없소?"

때가 왔다고 느낀 이 목사는 모든 것을 사실 그대로 말하기로 결심했다.

"예수 그리스도께서 나를 구원하려고 나를 위해 죽으신 것을 믿기에 나는 기독교인이오. 그분은 모든 불쌍하고 가난한 사람들의 친구였소. 그분은 서민들의 위대한 친구였소. 그래서 그들이 그분을 사랑했소. 수많은 무리가 그분을 좇았던 것이오. 나도 그분을 좇기로 결심했소. 그렇소. 나는 목사요. 하지만 어느 누구의 사냥개여서가 아니라 우리 민족의 불행한 이들을 돕기 위해 목사가 되었을 뿐이오. 내가 경찰청 소속 교도소에서 일한 것은 죄수들이 곤경에 빠져 있고 도움이 필요했기 때문이오. 이 동무가 방금 내가 그들을 돕기 위해 어떻게 힘썼는지 얘기했소. 나는 또한 다른 불행한 사람들도 도우려고 애써 왔소. 9년 동안 우리나라의 나환자들을 위해 일했소. 지금도 시설이 부족해서 병원에 입원하지 못한 채 자기 마을에 살고 있는 나환자가 많이 있소. 그들은 가진 것은 별로 없고 고통은 너무나 크다오. 나는 어떤 방법으로든 그들을 도우려고 최선을 다해 왔소. 그뿐 아니라 이 땅에는 보지 못하고 듣지 못하는 장애아들이 많이 있소. 그들은 절실하게 도움이 필요하오. 나는 대구에서 맹아와 농아를 위한 작은 학교를 운영하고 있소. 그들이 나를 기다리고 있소. 이것은 단지 나를 죽이냐 마냐의 문제가 아니오. 나는 영생을 갖고 있기 때문에 죽음이 무섭지 않소. 나는 죽을 준비가 되어 있소. 그러나 앞 못 보는 어린이들과 못 듣는 아이들은 누가 돌본단 말이요? 누가 저 나환자들을 도와주겠소?"

이 목사는 장교를 똑바로 쳐다보며 물었다.

"만일 당신의 딸이 앞을 보지 못하고, 누군가 그 딸에게 읽는 법을 가르치는 사람을 죽이려 한다면 당신은 어찌하겠소?"

그 장교는 놀라움을 금치 못한 채 그를 응시했다. 그는 "우리는 당신을 죽일 수 없소"라고 중얼거리곤 이 목사에게 "그 일을 위해 뛰어가라"고 말했다. 그리고 부하들에게 그가 도망가도록 내버려 두라고 명령했다.

이 목사는 등 뒤에서 총알이 날아올 것으로 예상했다고 내게 말했다. 실제로 그는 집행대가 사람들을 총살시키는 소리를 들었다. 그러나 그에게는 총알이 날아오지 않았다. 그는 숨이 턱에 닿도록 산등성으로 뛰었고, 그의 옷은 땀으로 흠뻑 젖었다. 이 목사는 맥아더 장군이 인천에 상륙해서 공산군이 북으로 후퇴할 때까지 숨어서 지냈다.

자신을 기다리는 아이들을 찾아 대구로 돌아온 이영식 목사는 "하나님의 은혜로 죽을 자리에서 살아 나왔다"고 그들에게 말했다.

새로운 희망으로 자라는 아이들

그는 대구시로부터 부서진 건물 한 채를 사용할 수 있는 허가를 받았다. 선교부는 운영자금을 아껴 유리창을 끼우고 마루를 까는 등 수선에 필요한 비용을 제공했다. 한국을 방문 중이던 밥 피어스(Bob Pierce) 박사는 관대한 선물을 주었고, 존 밀톤회(John Milton Society)는 학교가 자립할 수 있도록 재정지원을 했다.

수업이 다시 정상화되었다. 더 많은 선생들이 동참했고 일본으로부터 점사판(點寫版)도 도착했다. 어린이들은 한국어 알파벳을, 벙어리 아이들은 어눌한 목소리로 '아에이오우' 발성법을 배우기 시작했다.

전쟁이 길어지면서 참혹한 결과가 도처에서 나타나기 시작했다. 어린아이들이 네이팜탄에 피폭되어 끔찍하게도 얼굴이 일그러지고 눈을 잃었다. 작은 소년들이 그들의 부모를 죽인 폭탄의 폭발로 앞을 못 보게 되었고, 어린 소녀들이 그들의 집을 무너뜨린 천지를 뒤흔드는 굉음으로 듣지 못하게 되었다. 이런 불행을 당한 아이들이 하나둘씩 이 목사의 학교로 찾아왔다. 학교는 이들을 모두 받고 아무도 돌려보내지 않았다. 실제적인 상식이 풍부하고 모성애가 흘러넘치는 이 목사의 아내는 이 불행한 아이들을 두 팔 벌려 받아들였다. 이 목사 집의 작은 방들은 아이들로 가득 찼지만, 누구라도 잠자리를 새롭게 찾을 수 있었다.

음식을 떠먹여 줘야 했던 어린 맹인 아이들도 점차 스스로 먹는 법을 배웠다.

이 목사는 재능 있는 학생들을 공립학교로 데려가서 그들이 그동안 배운 것을 시범으로 보여 주었다. 아이들을 통해 손때 묻은 지폐가 모금되었고 학교 운영비에 보태졌다.

1952년 봄, 이 목사는 처음으로 소수의 졸업생을 배출하게 되었다. 업무 차 방문했던 미국 민간 원조단체 소속 간부들이 그 졸업식을 보고 깜짝 놀랐다. 맹인 여학생이 손가락을 짚어가 며 졸업식 연설을 읽으면, 그 옆에 선 농아 남학생이 여학생의 입 술을 읽고 수화로 다른 아이들에게 통역을 했다. 한쪽에 있는 맹인 아이들이 일제히 "주의 말씀 듣고서 준행하는 자는 반석 위 에 터 닦고 집을 짓는 사람일세!" 하고 합창하면 건너편에 앉은 농아 아이들은 선생의 인도를 따라 손으로 모양을 그려가며 율 동과 함께 뜻을 전했다. 맹인과 농아의 합창이었다!

이영식 교장은 어린이들이 단지 글을 읽고 쓰며, 노래하는 것 을 배우는 것만으로 만족하지 않았다. 아이들에게 생계 수단을 가르쳐야 한다고 주장했고, 그래서 신발 공장, 수건 공장 및 농 업 프로젝트를 설립했다. 아이들이 자란 후 비기독교 국가들의 장애인처럼 거지 인생을 살아서는 안 된다고 생각했다.

그러나 이 목사가 가르친 것은 유용한 생계 수단만이 아니다. 그는 예수 그리스도의 사랑도 가르치고 있다. 찰스 웨슬레가 희망하던 "만 입"의 찬송이 성취되었는데, 그중에 일부는 바로 어린 맹인 아이들의 입이다. 나는 그 아이들의 노래를 직접 들은 적이 있다. "예수 사랑하심은 거룩하신 말일세"라는 찬양이었다.

이 아이들은 예수님의 사랑을 확실히 알고 있다. 그들에게 예수님의 사랑은 따뜻한 잠자리, 쌀밥 한 그릇, 학교, 읽는 법을 배우는 것, 그들에게는 안 보이는 세계에 대해 배우는 것, 그리고 모든 사람에게 안 보이는 세계에 대해 배우는 것을 의미했다. 그렇다. 예수님은 그들을 사랑하신다. 그분이 이영식 목사와 그의 쾌활한 아내의 마음속에 살아 계시기 때문이다.

또 한 번의 기회로 생각하다

이영식 목사의 이름이 지금은 널리 알려졌다. 많은 사람들이 이 목사에게 관심을 갖게 되었다. 미국에 있는 제3군은 군목비로 할당된 5천 달러의 여윳돈을 세계에서 가장 도움이 필요한 한국에 주기로 결정했다. 그들은 대구에 있는 통신대 군목 에스티스(Estes)에게 "이 기금이 쓸 수 있는 최상의 프로젝트가 무엇입니까?”라고 묻는 편지를 보냈고, 군목은 “대구의 등대(燈臺) 맹아학교”라고 답신을 보냈다.

장로교 선교회는 그 기금에 맞춰 또 다른 5천 달러를 지원했다. 주한 민간 원조회는 약 1만 2천 달러 상당의 물자를 제공했다. 주한 미국 군사고문단도 원조의 손을 내밀었다. 미국 해외 맹인 재단에서도 원조금을 보냈다. 밥 피어스 박사가 두 번째로 후원금을 보내 왔다. 대구시는 예전의 공동묘지를 정리하여 큰 땅을 사용하도록 부지를 마련해 주었다.

1953년 가을에는 부엌, 식당, 목욕탕이 완비된 기숙사가 건립되었다. 이 기숙사 헌당식에는 경상북도 도지사, 대구시장, 론톤 기군 사령관 등이 참석해 자리를 빛내 주었다. 미국 워싱턴에서 군목 이반 베넷 장군이 올 예정이었으나 사정이 생겨 마지막 순간에 취소하고 부관을 대신 보냈다.

맹아와 농아들이 합창을 할 때 수많은 전쟁터에서 잔뼈가 굵은 백전노장의 사령관조차 감격에 겨워 눈물을 닦으며 말했다. “감당치 못할 은혜로군!”

지금은 미국 해외맹인재단과 몇몇 단체의 협조를 받아 2층으로 된 멋진 학교를 신축했다. 이 공사에 필요한 물자는 미군 한국 프로젝트 지원팀이 제공했다. 아이들도 참여하여 일손을 거들었다. 이영식 교장은 먼저 맹인 아이를 세우고 그 다음에 농아 아이를 세우는 식으로 모두를 줄 세웠다. 그들은 트럭이 싣고 온 벽돌을 손에서 손으로 건축 현장까지 옮겼다. 농아 소녀가 벽돌을 받아서 손을 들고 기다리는 맹인 아이의 손에 건네주고, 그다음 농아 아이는 그것을 받아 맹인 아이에게 전달하는 식이었다. 아이들은 그 일을 즐거운 놀이로 생각해 정말로 좋아했다. 이 목사는 농아가 맹인을 안내하도록 훈련시켰으며 그들은 모두 협력했다. 심지어 다 함께 즐길 수 있는 진짜 놀이도 몇 가지 만들었다. 등대 맹아학교는 이제 주요 인사들이 꼭 방문하는 단골 방문처가 되었다. 예전에 국제연합군 사령관을 지낸 밴 플릿(James Van Fleet)이 대사가 되어 잠시 다시 대구를 방문했을 때도 이 맹아학교로 안내를 받았다. 극동 사령관 헐 장군의 부인은 이 학교를 보려고 특별 항공편으로 방문해 다른 장성들이 그랬던 것처럼 눈시울을 흠뻑 적시고 돌아갔다.

이영식 목사는 더 많은 꿈을 가슴에 품고 있다. 학교 내의 채플, 고등학교, 직업훈련 학과들, 운동장, 농장 등이 그의 마음의 눈에는 훤히 보인다. 언젠가 이 모든 꿈이 구체적으로 실현될 것이다.

그러나 이영식 목사는 일만 하고 쉴 줄 모르는 사람이 아니었다. 그는 옛 취미인 나환자촌 방문을 잊지 않고 있다. 놀랍게도 그는 주일마다 대구에서 40리 떨어진 외딴 산골짜기에 세워진 나환자촌을 찾아가 하루를 보낸다. 그곳에도 그가 만든 교회가 있다. 처음에는 소나무가 덮인 언덕에서 예배를 드렸다가 주한 제5공군 소속 제58폭격대가 공급해 준 자재로 예배당을 건립했다.

교인의 수를 묻자 이 목사는 "600명"이라고 대답했다. 나는 나이 많은 집사에게 물어보았다. "이 사람들 중에 나환자촌에 오기 전부터 믿은 사람은 몇 명이나 되지요?"

그 집사는 대답했다.

"물론 한 사람도 없어요! 이영식 목사를 만나기 전에 기독교인이었던 사람은 하나도 없습니다. 그러나 이영식 목사를 만났을 때 그들은 모두 기독교인이 되길 원했어요!"

이영식 목사는 그저 빙긋 웃으며 이렇게 말한다.

"공산주의자들이 나를 죽이지 못한 이유는 좀 값진 인생을 살아노라고 주님이 내게 또 한 번의 기회를 주기로 하셨기 때문이지요. 그런데 아직도 내가 가야 할 길이 멉니다!"

<u>3</u>

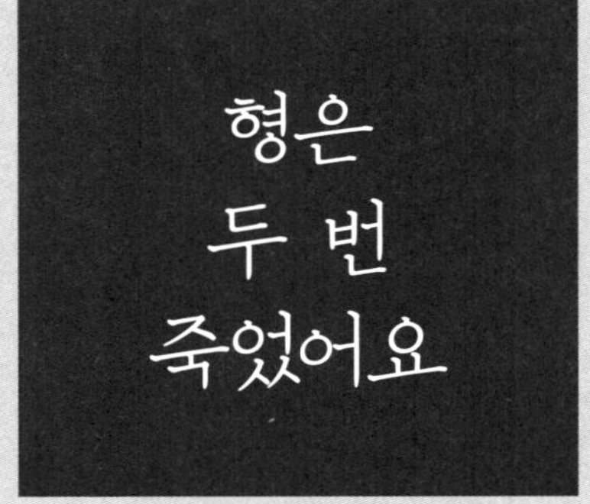

The Christ of the
Korean heart

"형은 결국 하나님 앞에서 많은 눈물을 흘리며 회개하고 하나님께서 용서해 주신

다면 다시는 같은 죄를 범하지 않겠다고 약속했고, 아울러 하나님의 뜻을 거스를

바엔 차라리 죽음을 선택하겠다고 약속했습니다."

이성두는 강계읍에 있는 기독교 학교가 배출한 가장 뛰어난 학생이었다. 선교회 소속 병원에서 세탁 일을 하는 성두의 어머니는, 시간이 날 때마다 환자들을 찾아가서 하나님의 사랑에 대해, 예수님이 우리의 죄 때문에 십자가에서 돌아가신 것에 대해, 예수님을 구원자와 주님으로 영접하면 영생을 선물로 받는다는 진리에 대해 이야기하곤 했다. 그녀는 쾌활하고 활력이 넘쳤고, 평생 학교에 다닌 적이 없으면서도 풍부한 상식을 지닌 기독교인이었다. 그녀는 총명해 스스로 글을 깨우쳤고, 주일학교 교사와 여전도회 임원으로 섬겼다.

성두는 어머니로부터 좋은 두뇌와 에너지를 물려받아 학업에 충실했고 어떤 시험문제든지 막힘없이 풀었다. 만년 우등생으로 급우들보다 늘 멀찌감치 앞서 나갔다. 그러나 쾌활한 성격은 물려받지 못했다.

나는 성두가 대학에 진학하도록 도와주기로 결심하고, 은근히 성두가 하나님의 부르심을 듣고 목회나 다른 분야에서 일하는 전임 기독교 사역자가 되기를 바랐다. 성두는 평양에 있는 대학교에 진학했고 모든 과목에서 수석을 차지했을 뿐 아니라 역대 최고의 성적으로 졸업식에서 평안남도 교육국 국장(일본인) 으로부터 특별상을 수여받았다. 이것은 뛰어난 공립학교나 좋은 교사진을 보유한 선교학교 출신의 학생들을 모두 제친 쾌거였다. 전교생이 150명밖에 안 되는 작은 산골 학교에서 이런 뛰어난 인재를 배출한 것이 너무도 자랑스러웠다. 성두는 대학 졸업 후 산골 학교로 돌아와 교사로 근무하며 그동안 받은 학자금 대출금을 일부 갚았다.

그즈음 일본의 신사참배 문제가 점점 더 크게 대두되었다. 교육행정 당국은 산하 모든 학교에 일본 천황의 위대한 조상으로 추앙받는 태양 여신에게 정기적으로 절하도록 지시했다. 이 문제는 사방에서 논란거리가 되고 있었다. 그리스도인들이 이런 지시를 따를 수 있는가? 그것은 "너를 위하여 새로운 우상을 만들지 말라"는 두 번째 계명을 어김으로써 그리스도인으로서의 양심과 신념에 반하는 일이었다. 그래서 서울뿐만 아니라 도쿄에서도 그리스도인들이 일본 정부 관리들을 찾아가 규정을 완화해 달라고 요청하는 일이 일어났다.

많은 일본인들은 머리를 숙이는 행위가 꼭 경배라기보다는 경의를 표하는 일종의 의례라고 변명했고, 참배 순간에 그리스도인들은 하나님께 묵념기도를 올릴 수 있다고 얼버무렸다. 신실한 목사들은 경배의 절이든 경의의 표시든 머리를 숙이는 행동 자체가 "다른 신 앞에 절하지 말라"는 하나님의 계명을 어기는 행위라고 주장했다. 일부 목사들은 그 경의의 표시가 태양 여신의 존재를 인정하는 것이라서 "너는 나 외에 다른 신들을 네게 두지 말라"는 첫 번째 계명을 어기는 것이라고 지적했다.

일본 정부가 모든 공립학교 학생들에게 신사참배를 시키라는 압력을 계속 가하자, 많은 기독교인들은 나름대로 타협하거나 변명할 근거를 찾으려고 애쓰고 있었다. 그 정책에 따르지 않으면 그들의 자녀들이 교육받는 것을 단념해야 했기 때문이다. 우리 학교의 교사들 중 한 명, 성두의 가까운 친구가 성두와 이 문제를 놓고 논쟁을 벌였다.

영실 기독교 학교는 마침내 입장을 정리하고 교육당국과 경찰의 지시에 거부하기로 결정했다. 이로 인해 학교는 곧바로 문을 닫았고, 교장인 나는 면직되었으며, 두 명을 제외한 교사 전원과 마흔두 명의 학생이 동의하에 학교를 떠났다.

강계읍에 있는 다른 기관이 몇 명의 졸업생을 교원으로 충원한 뒤 학교를 재정비하고 새로운 건물로 이전하여 다시 문을 열었다. 성두와 동료 교사가 새 학교의 교원이 되기로 동의하고 정기적으로 신사참배를 한다는 소식을 들었을 때 우리는 크게 실망했다.

성두는 실로 전도유망한 청년이었기 때문에 우리의 실망은 더욱 컸다. 그는 부끄러워서 다시는 나타나지 않았고, 다만 성두의 어머니가 찾아와 울면서 사과했는데 그것은 변명의 여지가 없는 과오였다. 그녀 역시 마음에 큰 상처를 받았다. 우리가 할 수 있는 일은 그녀와 함께 주님이 어떻게든 성두를 회심시켜 주시길 기도하는 것뿐이었다. 그 학교는 그리 오래 존속하지 못했다. 기독교 학교의 특성과 그 존재 이유를 상실한 나머지 문을 닫게 되었다.

이후 태평양 전쟁이 발발하자 모든 선교사가 한국을 떠났다. 진주만 공격 때 남아 있던 소수의 선교사들은 민간인 포로로 전락했다. 그로 인해 성두를 비롯한 그와 가까운 사람들과 관련된 소식이 모두 끊기고 말았다. 제2차 세계대전이 끝나고 우리가 한국에 돌아왔을 때도 그에 대한 소식은 듣지 못했다. 전쟁 후 이북 사람 200만 명이 삼팔선을 넘어 남한으로 내려왔지만, 그 피난민 속에 성두는 없었다.

약속을 지킨 사람

1950년 12월 어느 날, 성두의 동생 성호가 갑자기 대구에 있는 우리 집을 찾아왔다. 그는 다 떨어진 미국산 여성 외투를 걸치고 있었다. 성호는 1950년 11월 말 중공군의 대규모 공세를 피해 남쪽으로 피난을 왔다고 했다. 성호를 보자 나는 매우 반가웠다. 성호도 우리 학교 학생이었고 형을 닮아 공부를 썩 잘했다. 어머니의 쾌활한 성격도 물려받았다.

그를 보자마자 나는 성두의 안부를 물었다. 즉시 성호의 얼굴이 환해지더니 "아, 형은 잘되었어요"라고 대답했다. 우리 표현으로는 "대성공을 거두었다"는 뜻이었다.

"형은 곧 학교로 돌아가기로 한 것과 신사참배를 한 것이 큰 실수임을 깨닫고 회개했습니다. 선교사님이 형이 대학에 진학하도록 도와주셨는데 자신이 그런 짓을 한 것을 무척 부끄러워했어요. 형은 자신의 선택이 잘못된 것임을 알았지만 다른 선생의 영향을 너무 많이 받았던 거죠. 형은 결국 하나님 앞에서 많은 눈물을 흘리며 회개하고 하나님께서 용서해 주신다면 다시는 같은 죄를 범하지 않을 것과, 아울러 하나님의 뜻을 거스를 바엔 차라리 죽음을 선택하겠다고 약속했습니다."

다시 한 번 성호의 얼굴이 환해지면서 이렇게 말했다.

"형은 약속을 지켰어요! 이번에는 두 번 죽었습니다! 한 번은 예전에 저지른 잘못을 만회하기 위해서고, 또 한 번은 이번에 약속한 것을 지키기 위해서였습니다."

"아니, 두 번 죽었다는 게 도대체 무슨 말이냐?"

"완전히 회개한 후 자기 목숨을 온전히 하나님께 바쳤어요. 약 2년 후, 전쟁 때문에 모든 선교사가 한국을 떠났지만 형은 평양에 있는 신학교에서 공부할 수 있는 길이 열렸어요. 일본인들은 태평양 전쟁에 몰두하느라 신사참배 문제는 더 이상 신경을 쓰지 않았어요. 형은 신학교를 졸업하고 목사 안수를 받은 후 신천 근처의 한 교회로 부름을 받아 목회생활을 시작했습니다. 처음에는 목회가 꽤 순조로웠죠. 그런데 그때 공산군이 들이닥쳤어요. 그들은 형이 동의할 수 없는 것을 형에게 요구하기 시작하며 형을 계속 위협했지만 형은 굴복하지 않았어요. 결국 형은 탄광으로 끌려가 강제노역을 해야 했어요. 거기서 형은 하나님의 계명에 어긋난다고 일요일에 일하는 것을 거부해서 일요일마다 맞았어요. 그래도 끝내 노역을 거부했죠. 하루는 심하게 맞은 형이 죽은 줄 알고 그들이 들것에 들고 가서 형을 강에 버렸어요. 형을 아는 교인들이 형이 들것에 실려 나가는 모습을 보고 그들을 몰래 따라갔어요. 시신을 수습해서 장례를 치르려는 마음에서였죠. 서둘러 형을 들고 마을에 왔는데, 형의 목숨이 아직 붙어 있었던 거죠. 그들의 정성스런 간호로 회복된 형은 몇 개월 후 다시 교회로 돌아갔습니다. 이후 지난 9월 유엔군이 북진하자 퇴각하는 공산군이 다시 찾아와서 이번에는 형을 총으로 쏴 죽였습니다. 형은 신실하지 못했던 잘못을 만회하기 위해 두 번 죽은 셈입니다.”

<u>4</u>

믿음의 여인, 김순애

The Christ of the Korean heart

고난을 통해 그들의 믿음이 더 크게 자랐다. 기독교인들이 가는 곳이면 어디에나 교회가 생겼다. 이 교회들은 기존 교인들만을 위한 곳이 아니라 새로운 사람들을 주님께 인도하는 곳이었다.

결혼식 날 순애의 앞날은 온통 장밋빛으로 찬란한 듯 보였다. 그녀는 얼마나 행복했는지 모른다! 하나님은 그녀에게 너무나 선하신 분이셨다.

순애는 유복한 가정에서 태어났다. 할아버지와 아버지 모두 독실한 기독교인이었다. 아버지는 압록강의 중간쯤에 위치한 중강에 있는 한 교회의 장로였다. 그곳은 백두산의 기슭에 위치한 곳으로, 수원지에서 황해로 흘러가고 한국과 만주의 경계를 이루는 압록강의 강변에 자리 잡은 마을이었다.

순애의 아버지는 한약방을 운영하면서 전통 약재를 팔았다. 약방에는 주렁주렁 매달린 수십 개의 작은 약재 봉지에서 향기롭고 매캐한 냄새가 났다. 그 냄새는 늘 어린 시절의 기억을 되살렸다.

순애는 소학교를 마친 후 아버지의 권고로 산악지대에 위치한 강계읍의 작은 기독교 학교로 진학했다. 예쁜 얼굴과 쾌활한 성격, 고운 목소리 덕분에 선교사들의 주목을 한 몸에 받았다. 바이램 부인은 순애가 평양에 있는 좋은 선교학교에 입학할 수 있도록 도와주기로 결심했다.

순애는 음악에서 두각을 나타내며 우수한 성적으로 졸업했다. 그녀가 졸업하던 해 여름, 한국선교 50주년 기념 쥬빌리 행사가 강계에서 열렸다. 그날 순애의 매혹적인 미소와 맑고 고운 목소리는 산골 노회가 주최한 그 행사의 백미였다.

순애의 결혼은 어느 목사의 중매로 양가 부모의 승낙을 받아 이뤄졌다. 한국의 관습은 많이 바뀌어 지금은 젊은 남녀가 서로 알아 가면서 각자가 동의하는 가운데 결혼이 성사된다.

순애의 신혼집은 경치 좋고 풍요로운 이판골 어귀에 위치한 넓은 한옥으로, 친척들의 집뿐만 아니라 일꾼들의 숙소도 딸려 있는 전통적인 농가였다. 온화한 성격의 점잖은 시아버지는 삯꾼들 못지않게 열심히 일하는 농부였다. 그는 자기 돈으로 세우다시피 한 번창하는 동네 교회의 장로이자 대들보이기도 했다. 시아버지의 조모도 살아 계셔서 첫 손자를 보았을 때는 5대가 한 집에 살며 대가족을 이루었다. 그들은 그리 큰 부자는 아니었지만 한국의 기준으로는 꽤 잘사는 집안이었다. 오르간과 재봉틀, 비트롤라 축음기를 갖출 만큼 새로운 문물에 열린 화기애애한 가족이었다. 학업으로 타향살이를 했던 순애의 남편은 글

읽기를 좋아했지만 농사를 짓기로 결심하고 귀향했다.

순애는 교회에서 주일학교와 젊은이 사역에 온전히 헌신했다. 학창 시절에 성경사경회에서 자신의 인생을 주님께 바친 그녀는, 즈님을 향해 순전하고 진정한 사랑을 품고 있었다. 그녀의 삶은 언제나 기쁨의 잔이 넘쳐흘렀고, 그 가정에는 새 생명들이 태어났다. 새싹이 자라 큰 나무가 되듯 순애는 어느덧 소녀 티를 벗고 자연스럽게 모성애를 습득했다. 제2차 세계대전조차 그 평화로운 가정을 침범하지 못하는 듯했다. 그 무서운 싸움이 낳은 공포와 비극이 이 가정과는 먼 이야기처럼 들렸다.

수많은 사람의 오랜 기도가 기적적으로 응답받은 듯 평화가 찾아왔고 모두가 환호했다. 한국을 압제하던 일본이 패망한 것이다! 독립이었다! 전쟁 동안 더욱 심화되었던 기독교인들에 대한 핍박이 순식간에 사라졌다. 얼마나 많은 사람들이 교회로 몰려오는지 놀라울 따름이었다. 너나 할 것 없이 모두가 기독교인이 되고자 했다. 옛 건물이 그 많은 사람들을 다 수용할 수 없어서 야외에서 예배를 드려야 했다.

평화를 깬 불청객

불과 몇 주일이 채 지나기도 전에 먹구름이 몰려오기 시작했다. 공산주의라는 불청객이 불쑥 모습을 드러낸 것이다. 그것은 처음에는 달콤한 약속을 하더니 곧 본색을 드러냈다. 그들은 공안 정치를 펼쳤고 일제강점기 때보다도 더 혹독하게 자유를 억압했다.

상황은 하루하루 더 암담해졌다. 새로운 '인민군대'를 위해 소위 '자원자들'을 징집하기 시작하자 순애의 남편은 피신하는 것이 좋겠다고 판단했다. 무엇보다도 사춘기에 접어든 큰 딸이 소련군에게 희롱을 당할까 걱정이었다. 궁리 끝에 순애의 남편은 큰 딸을 데리고 삼팔선을 넘어 남한으로 피신했다. 그들은 곧 미국이 들어오면 자유와 통일의 약속이 실현되어 고향으로 돌아갈 수 있을 것으로 믿었다.

그러던 중 날벼락이 떨어졌다. 어느 날 공산군들을 태운 트럭 한 대가 들이닥쳐 즉시 집에서 나가라고 명령했다. "빨리 트럭에 타라!" 수갑을 채우며 끌어내니 어찌할 도리가 없었다.

트럭이 출발했다. 이제는 어떻게 될 것인가? 어디로 가는 것일까? 트럭은 한 시간가량 험한 산길을 덜컹거리며 달린 후 멈춰 섰다.

"자 빨리 내려 걸어라! 너희 자본주의 지주들은 인민의 적이다." 책임자가 고함을 질렀다. "이제는 너희 집에 돌아가지 말아

라. 조선 인민의 이름으로 너희 집은 몰수되었다. 너희 땅은 압제의 멍에를 벗은 인민에게 정당하게 배분될 것이다. 자, 계속 가라!"

하루아침에 삶의 터전을 송두리째 빼앗기고 알거지가 되었다. 자기 손에 여덟 자녀와 공양할 두 노인이 딸렸으니 보통 사람이라면 하나님의 선하심에 대한 믿음이 무너지고 쉽게 좌절하고 말았을 것이다. 그러나 순애는 보통 사람이 아니었다. 길가에서 가족을 다 모은 후 기도회를 열었다. 그녀의 입에서 가장 먼저 나온 말은, "주여, 감사합니다"였다. 그동안 하나님이 베풀어 주신 복과 돌봄에 대한 감사였고, 아낌없이 부어 주신 하나님의 귀한 사랑에 대한 감사였다. 인간을 죄에서 구속하기 위해 독생자를 세상에 보내서서 몸소 고난을 당하게 하시고 십자가에서 보혈을 흘리게 하신 하나님의 은혜에 대한 감사였다. 또한 하나님의 집에서 살 것을 보장하시고 영생이라는 값진 선물을 주신 것에 대한 감사였다. 이제 그들에게 주어진 것은 주님을 위해 받는 고난의 은혜였다. 순애는 그들이 단지 주님을 위해 고난을 받을 뿐 아니라 그분을 섬길 수 있는 길을 찾도록 해 달라고 기도했다.

월남한 기독교인 피난민의 초가집들이 그들이 사랑하는 교회를 중심으로 모여 있는 모습

곳곳에 세워진 교회

세월이 흐른 후 나는 1947년에 한국으로 되돌아왔다. 서울에서 일하던 한 선교사가 인천에 생긴 새로운 피난민 교회들 중 하나를 방문하자고 초대해서 따라갔다. 나는 그 교회의 지도자가 순애와 그 남편인 것을 보고 매우 기뻤으나 그리 놀라지는 않았다. 그 부부는 그 교회의 개척자였고, 그 교회는 그들이 개척한 두 번째 교회였다. 옛 일본식 건물에서 예배를 드리고 있었으며 그 건물의 앞쪽은 사진관으로 이용되고 있었다. 선교회는 큰 천막을 제공했고, 일요일 아침마다 그 천막으로부터 다양한 피난민 아이들이 고개를 뒤로 젖힌 채 입을 열어 부르는 찬송 소리가 흘러나왔다.

구주의 십자가 보혈로 죄 씻음 받기를 원하네
내 죄를 씻으신 주 이름 찬송합시다 찬송합시다

1950년 공산군의 침략으로 또다시 대규모 피난민이 발생했다. 수많은 피난민 가족들에 섞여서 머나먼 길을 터벅터벅 걸으면서도 순애와 남편은 다행히 온 가족을 잘 지킬 수 있었다. 각자 자기 봇짐을 지고 걸었다. 남편은 막내를 등에 업었고, 순애는 취사도구와 쌀을 머리에 얹은 채 두 번째로 어린아이를 잡아주곤 했다. 힘든 피난길에도 아침과 밤에 가정예배를 빠뜨리지 않았다. 아이들도 각각 자기 몫을 다했고, 예배는 언제나 "하나님 감사합니다"로 시작되었다.

그들이 발이 부르트도록 걸어서 도착한 곳은 대구였다. 나는 남산교회의 지하실에서 순애의 가족을 다시 만났다. 부부 뒤에 아이들이 둘러섰는데 그들의 얼굴에 순애의 유쾌한 미소가 재현되었다. 나는 모든 아이에게 옷을 공급해 줄 수 있어서 얼마나 행복했는지 모른다. 십대 여자아이들은 전쟁 피난민 신세였지만 미국 고등학생들이 버린 예쁜 블라우스나 멋진 스커트를 받고 좋아서 어쩔 줄을 몰라 했다.

순애의 가족은 교회

월남 후 세 교회를 개척한 김순애와 그 자녀들

지하실에서 지내다가 공식적인 피난민 센터인 큰 창고로 이사했다. 거기에는 다른 가족들도 많이 있었다. 각 가족은 가로 세로 2m 안팎의 작은 방을 배정받았다. 방들은 가마니와 커튼으로 나뉘어져 있었다. 순애 가족은 아이들이 많아서 두 개의 방을 사용했고, 거기서 열 번째 아이가 태어났다. 의사도 간호사도 없었다. 몇몇 피난민 아낙네와 나이가 많은 딸들이 산모를 돌보았다.

1952년 봄에 순애가 나를 찾아와서 남편이 대구에서 16km 떨어진 골짜기에 있는 텅스텐 광산에 취직했다고 알려 주었다. 나는 그 작은 텅스텐 광산촌을 알고 있었기에 그곳에는 교회가 없을 거라고 순애에게 말했다. 그러자 순애가 나를 응시하며 확신에 찬 목소리로 대답했다. "좀 있으면 생길 거예요."

우리가 1953년 여름 다시 한국에 돌아왔을 때 순애가 찾아왔다. "교회가 생겼니?" 하고 내가 물었다. "그야 물론이죠"라고 웃으며 그녀가 대답했다.

"한번 와 보지 않으실래요? 기독교 탁아소도 운영해요. 회사가 건물을 짓도록 도와주었어요. 주일학교에 참석하는 아이들이 100명이 넘어요."

순애는 물론 특별한 여성이다. 하지만 북쪽에서 내려온 수많은 피난민을 대변하는 여성이기도 하다.

미국에 있는 교인들이 내게 묻곤 했다 "이 처참한 전쟁과 고난 속에서 한국의 기독교인들은 어떻게 지내고 있습니까? 혹시 믿음을 잃지는 않았습니까?"

천만에! 고난을 통해 그들의 믿음이 더 크게 자랐다. 기독교인들이 가는 곳이면 어디에나 교회가 생겼다. 이 교회들은 기존 교인들만을 위한 곳이 아니라 새로운 사람들을 주님께 인도하는 곳이었다. 그들의 말에 따르면, 북쪽에서 내려온 피난민 중에 불신자들을 전도하기가 가장 쉽다. 물론 남한 사람들도 전도하고 있었다. 대구와 여러 도시에 새로운 공동체가 많이 생겼다. 어떤 교회들은 헛간이나 낡은 창고 맨바닥에 가마니를 깔고 예배를 드렸다. 또 어떤 교회들은 널빤지를 끼워 맞춘 작은 간이 건물을 세우기도 했다.

대구에 있는 한 피난민 교회는 예전의 일본인 숙소를 멋진 예배당으로 개조했는데, 주일예배 참석 인원이 400명이나 된다. 그들은 특별한 원칙을 갖고 있었다. 피난민 성도가 서울로 돌아갈 때는 반드시 남한 사람 한 명을 전도해서 빈자리를 메꿔야 한다는 원칙이었다. 그래야 모든 피난민이 떠나더라도 교회의 규모는 그대로 유지될 것이기 때문이었다.

5

the Christ of the
Korean heart

일본군의 포로에서 공산군의 포로로, 이번에는 미군의 포로가 되었지만, 그는 절망하지 않았다. 사실 그는 그들의 포로가 아니었다. 그는 주님의 포로였다! 오래전에 그는 그의 인생을 주님의 손에 맡겼다.

임한성 목사는 일본인 심문관의 혹독한 취조를 피할 길이 없었다. 심문관들의 위협 섞인 구타에 그의 얼굴은 시퍼렇게 멍이 들었다. 밤새도록 이어진 취조에 눈은 충혈되었고, 발길질과 몽둥이 구타뿐만 아니라 오랜 시간 심문관 앞에 서 있느라고 전신이 쑤시고 아팠다.

"당신은 왜 광채로 천지를 밝히는 위대한 태양 여신, 타카마가하라를 경배하길 거부하는가?"

중앙에 앉은 우두머리가 소리쳤다. 그 순간 울컥하고 감정이 북받쳐 올라왔지만 목소리가 나오길 거부했다. 입술을 움직이려고 했으나 침묵만 흘렀다. 다시 퍽 하는 소리와 함께 구타가 시작되었고 섬뜩한 통증이 느껴지면서 아무것도 보이지 않았다. 간수가 다그쳤다. "빨리 대답해!"

젖 먹던 힘까지 동원한 그는, 쉰 목소리로 간신히 말했다.

"하나님께서 '너희는 우상에게 절하지도 섬기지도 말라'고 하였다.'

“어느 하나님을 말하는 거냐?”

우두머리가 고함쳤다.

“저 미국 야만인들이 믿는 맥없는 신이 위대한 아마테라스 오오카미보다 더 강하다고 생각하나? 오오카미 여신은 온 지구를 다스리는 우리 천황의 위대한 조상신이시다.”

“나는 만물의 창조자이자 통치자이신 전능한 하나님을 경배한다. 그분은 미국인의 하나님일 뿐만 아니라 온 땅의 하나님이기도 하다. 그분이 ‘내 앞에 다른 신을 두지 말라’고 분명히 명령하셨다.”

“불경하다!”

화가 난 우두머리는 자리에서 벌떡 일어서며 소리쳤다.

“이 놈이 제정신을 차리고 위대한 일본 제국의 참 여신을 인정할 때까지 가둬 놓아라.”

숨이 턱 막히는 폭염 속에서 임한성 목사는 다른 죄수들과 함께 감옥 마당에서 강제노역을 했다. 벽돌 색깔의 죄수복은 이글이글 타오르는 한여름 태양의 열기를 막아 주지 못했다. 그래도 가장 견디기 힘든 때는 겨울이었다. 영하를 밑도는 혹독한 겨울 밤, 성긴 담요 한 장으로 추위를 견디는 건 불가능한 일이었다. 딱딱하고 차가운 콘크리트 바닥에 누워 잠이 들려면 몇 시간을 뒤척여야 했다.

하나님의 뜻과 목적

몇 주가 지나 몇 달이 되고, 몇 해가 흘렀다. 판에 박힌 심문과 구타에 시달렸지만 임한성 목사는 뜻을 굽히지 않았다. 춥고 견디기 힘든 감방에서 밤마다 주님과 달콤한 교제를 나누면, 그 모든 고통과 고난이 눈 녹듯이 녹아 버렸다. 주 예수님의 광채가 감방을 가득 채우는 듯했고, 때로는 부드러운 주님의 음성이 들리는 것 같았다. "기뻐하고 즐거워하라 하늘에서 너희의 상이 큼이라 너희 전에 있던 선지자들도 이같이 핍박하였느니라"(마 5:12).

그러던 어느 날 느닷없이 기쁜 소식이 들렸다. 일본이 항복한 것이었다. 믿기 힘든 소식이었다! 수감자들은 일본이 승승장구하고 있다고 세뇌를 받아 왔기 때문이었다. 필리핀 점령! 홍콩 점령! 말레이시아 점령! 싱가포르 점령! 동인도 점령! 알래스카 열도 점령! 일본이 미국까지 침공하다! 곧 평화가 백악관에 임할 것!

그러나 지금 일본인은 오히려 짐을 싸며 떠날 준비를 하고 있었다. 감옥 문이 활짝 열렸고 임 목사도 출옥했다. 자유! 해방!

이 얼마나 감격스러운가! 얼마나 영광스러운가! 얼마나 달콤한 자유인가!

임한성 목사는 북한의 곽산에 있는 교회로 되돌아갔다. 일요일마다 교회는 사람들로 북적거렸다. 누구나 기독교인이 되고자 했다. 기독교에 대항하던 일본은 결국 패망했다. 새로운 물결이 이 땅을 휩쓸었다. 얼마나 영광스런 앞날이 펼쳐질지 기대가 됐다.

그런데 곧 러시아 군대가 이 땅에 도착했고, 그 뒤를 쫓아 시베리아와 만주에서 공산주의 교육을 받고 러시아 정권을 세울 임무를 받은 한 무리의 한국인들이 들어왔다. 그들은 인민의 '지상낙원'을 건설한다는 놀라운 약속과 함께 찾아왔다.

얼마 지나지 않아 임 목사는 그들의 주장에 동조할 수 없다는 것을 알았다. 그들은 이런저런 요구를 하기 시작하더니 갈수록 더 감당하기 어려운 요구를 제시했다. 공산주의자가 통제하는 조직에 가입해야 한다, 공산주의를 전파해야 한다, 미국을 비난해야 한다, 무신론자인 스탈린을 찬양해야 한다 등 그 요구들은 주일학교 학생들을 빼앗아갔다. 많은 초신자들이 협박을 견디지 못해 교회를 떠나기 시작했다.

그러던 어느 날 임 목사는 또다시 감옥에 갇혔다. 이번에는 공산즈의자의 소행이었다. 다시금 탈진을 겪고 고통을 초래하는 심문을 받았으며 장황한 이야기를 들어야 했다. 구타와 차가운 콘크리트 바닥도 따라왔다. 그러나 그는 뜻을 굽히지 않았다.

몇 주가 지나 몇 달이 되고, 몇 해가 흘렀다. 다시금 찌는 듯한 여름 더위와 북쪽의 매서운 겨울 한파를 감옥에서 온 몸으로 견뎌야 했다.

그런데 다시 한 번 갑작스런 해방이 왔다! 어느 날 간수가 사라졌다. 감옥 문이 스르르 열렸고 수감자들은 유유히 감옥 문을 나섰다. 미군이 오고 있었던 것이다!

임한성 목사는 빛바랜 벽돌색 죄수복을 입은 채 다른 죄수들과 함께 감옥 문을 나섰다. 덥수룩하게 자란 수염에, 덥수룩하게 자란 머리털. 거기에 누더기를 걸치고 있었으니 영락없는 거지꼴이었다. 누가 봐도 행색이 미심쩍어 보였다. 집으로 걸어가던 임 목사 옆으로 미군 지프차가 멈춰 서더니 미국 헌병이 임 목사를 다시 구금시켰다. 많은 북한군들이 난민으로 위장해 탄약을 운반하고 정보를 제공하고 있었기에 수상한 사람들은 모두 잡아들이는 것이었다.

그렇게 임 목사는 또다시 감옥에 갇히는 신세가 되었다. 이번에는 미군의 전쟁포로 수용소였다. 일본군의 포로에서 공산군의 포로로, 이번에는 미군의 포로가 되었지만, 그는 절망하지 않았다. 사실 그는 그들의 포로가 아니었다. 그는 주님의 포로였다! 오래전에 그는 그의 인생을 주님의 손에 맡겼다. 그는 자기가 여전히 그분을 신뢰할 수 있다는 것을 알았다. 하나님을 사랑하는 자들에게는 모든 일이 합력하여 선을 이룬다는 것을 알고 있었다. 그리고 그는 하나님을 사랑했다!

임 목사는 하나님이 어떤 목적이 있어 그를 전쟁포로 수용소에 갇히게 하셨다는 것을 알았다. 포로 수용소에서 임한성 목사는 북한 공산군에게 강제로 징집당했던 기독교인 소년들을 모았다. 그는 미군의 허락을 받아 교회를 조직했고, 일요일마다 예배를 드려도 된다는 허락도 받았다. 임 목사는 젊은이들에게 말했다.

"하나님께서는 어떤 목적이 있어 여러분을 이곳에 두신 것입니다. 이곳에는 복음을 듣지 못한 사람이 많습니다. 지난 10년 동안 우리는 비기독교인에게 복음을 전파할 수 없었습니다. 먼저 일본인은 전쟁 기간에 모든 주일학교와 복음전도 집회를 폐지했고, 그다음 공산주의자들도 똑같은 짓을 되풀이했습니다. 여러분이 이곳에 온 이유는 동료들에게 예수를 전하기 위해서입니다. 미군은 우리의 복음사역을 막지 않을 것입니다. 자, 서둘러서 복음을 전파합시다!"

철책 뒤의 교회는 날로 성장했다. 복음전파에 가속도가 붙었다. 다른 포로수용소에서도 교회가 생겨났다. 새벽기도회가 시작되었고, 성경연구원이 조직되었다. 태평양 전쟁 말엽 북한에서 시작된 대규모 운동, 미군이 부지중에 삼팔선에 동의하고 소련군이 북한에 들어와 일본군의 항복을 받아내도록 했을 때 억눌려 있던 그 대대적인 복음운동이 다시금 전쟁포로 수용소들에서 불길처럼 되살아났다. 이곳에 수감된 소년들은 일본의 반기독교적 행위를 실컷 보았고 공산주의자들의 무신론 선전에 진저리가 났다. 그리스도를 영접하겠다는 포로들이 수십 명, 수백 명에 이르렀다.

유엔 개발원조위원회 소속으로 헤롤드 보켈과 브루스 커밍 선교사가 이곳을 방문하고 수용소에서 역동적으로 펼쳐지는 기독교 운동을 확인했다. 이곳에 수용된 포로들은 이미 12개의 성경연

전쟁 포로 9천 명이 새벽기도회에 참석한 모습

구원을 조직하여 운영하고 있었다. 이처럼 놀라운 일이 발생한 적이 또 있는가?

수용소에서 드린 기도의 응답

미국의 한 잡지사에서 온 종군기자가 포로수용소를 방문한 뒤 우리 집에 들렀다. 그는 계속 고개를 흔들면서 "정말 믿을 수 없는 일이에요"라며 감탄사를 쏟아냈다. 그는 동이 트기 전, 아직 어두울 때 나갔다가 기도하려고 자발적으로 모여 무릎을 꿇은 9천 명의 포로들을 목격했던 것이다. 그가 말했다. "거기서 진정으로 전쟁을 이기고 있는 모습을 목격했습니다. 자유와 노예 상태 사이의 전쟁, 하나님과 무신론 사이의 전쟁, 그리스도와 스탈린 사이의 전쟁이지요!"

어느 날 미국 국방부에서 파견된 한 장성이 포로수용소를 시찰하러 왔다. 그가 지프차를 타고 한 수용소를 지나갈 때 갑자기 낯선 노랫소리가 들렸다.

의지하세 의지하세 곧 의지하세
구하겠네 구하겠네 곧 구하시네

수천 명의 목소리가 울려 퍼졌다. 지프차를 멈추고 귀를 기울이던 그가 말했다. "왜 저 소리가 찬송가처럼 들리지?" 친근한 곡조였던 것이다.

Only trust Him, only trust Him, only trust Him now,
He will save you, He will save you, He will save you now.

찬송이 끝날 때까지 경청한 후 그는 동료 장성들과 대령들에게 말했다. "세상에, 저 찬송을 선전 책동이라고 할 사람이 과연 있겠나!"

1953년 6월에 이승만 대통령은 포로수용소의 가시철망을 열고 2만 7천 명의 포로를 석방했다. 기도에 대한 응답이었다. 반공 수용소 안에서 포로들이 계속해서 금식하며 기도를 드려왔었다. 새롭게 주님을 영접한 신자들은 결코 하나님이 없는 공산주의로 되돌아가지 않을 것이었다. 이들은 하나님께서 기적을 베푸셔서 그들이 공산국가로 돌아가지 않게 해 달라고 그분께 마음을 쏟아 놓았다. 드디어 그날이 왔다. 하나님께서는 그분의 종인 이승만 대통령, 곧 믿음과 기도의 사람, 일본인이나 공산주의자, 심지어는 미국인의 협박에도 굴복하지 않았던 사람을 사용하셨다. 이승만 대통령은 자신의 결정이 옳다는 것을 알았다. 그 수용소의 포로들은 그의 사람들이었다. 그는 그들의 자유를 위해 그의 삶을 헌신했다. 하나님이 주신 때가 이른 것이었다.

임한성 목사도 이때 다른 포로들과 함께 석방되었다. 그는 현재 전라북도에서 목회를 하고 있다. 포로수용소에서 그를 통해 주님을 영접한 소년들은 전국에 흩어져서 교회에 합류했다. 어떤 이들은 주일학교 교사로 섬기고, 어떤 이들은 북한 피난민 사이에서 새로운 기독교 단체를 시작했으며, 더러는 성경연구원에서 공부하고 있다. 또 어떤 포로들은 대한민국 군인으로 입대했다. 이는 남한의 군대가 아니라 남북을 초월한 자유 한국의 군대이다. 군대에서 그들은 한국군 군목들을 돕는 신실한 조력자들이다. 그들 중 수백 명은 그들이 사랑하는 임 목사 같은 목사가 되려고 신학교에 들어갔거나 들어가려고 준비하고 있다. 그런데 그 숫자는 북한에서 공산군에게 죽임을 당한 목사들의 수보다 더 많다.

임한성 목사는 현재 소박한 교회에 만족하고 있다. 그곳은 하나님께서 두신 자리였다. 그는 이제 자유인이다! 그러나 사실 그는 항상 자유인이었다. 진정한 자유인. 그는 콘크리트 벽

안에서, 그리고 가시철망 안에서도 자유로울 수 있다는 것을 알았다.

하지만 그는 여전히 포로이기도 하다. 주 예수 그리스도의 포로! 사도 바울이 고백하듯, 그는 "나는 주 예수 그리스도의 노예"라고 말할 수 있다.

주 예수 베푼 사랑이

Just as I am, Thy love unknown

한없이 크고 넓으니

Hath broken every barrier down;

내 뜻을 모두 버리고

Now, to be Thine, yea, Thine alone,

주께로 거저 갑니다

O Lamb of God, I come, I come.

6

The Christ of the
Korean heart

"저를 순교자의 아비가 될 만큼 인정해 주셔서 감사드립니다. 저에게 이런 보석 같은 아들들을 주셔서 감사합니다. 아이들이 주님을 위해 함께 서게 해 주신 것도 감사합니다. 그들이 입을 다물 수도 있었지만 죽는 순간까지 복음을 전했습니다. 그들이 미국에 유학가려 했으나 주님이 훨씬 좋은 곳으로 데려가셨습니다."

“나환자들을 그렇게 가까이하면 안 돼요!”

“왜 그렇죠?”

“그러다 병 옮아요! 잘 아시잖아요.”

“차라리 그게 더 낫겠어요. 그러면 그들에게 입으로만 예수님의 사랑을 전하는 것이 아니라 언제나 그들과 함께 살 수 있으니까요.”

손양원 목사의 몇몇 동료들은 그에게 단도직입적으로 전염의 위험성을 경고할 때가 되었다고 생각했다. 그런데 손 목사의 대답에 그들은 말문이 막혔다.

손양원 목사는 전라도 순천에 있는 나환자촌에서 목사로 섬기고 있었다. 그는 틈이 날 때마다 도심지로 나가 거리에 돌아다니는 극빈층 나환자 거지들을 찾아내 그들과 앉아서 점심을 나눠먹곤 했다. 손 목사는 많은 사람들을 전도해 주 예수 그리스도를 그들의 구원자로 영접하게 했고, 도시 외곽에 그들을 위해 허름한 교회 건물을 지었다.

나환자촌은 사람을 더 이상 받을 수 없을 지경이었다. 그들을 돌보는 일만 해도 온종일이 걸렸지만 손 목사는 '이 울타리 안에 들어오지 않은 다른 양들'을 생각하지 않을 수 없었다. 그는 체구가 작고 활동적이고 강인했으며 눈빛이 살아 있었다. 무슨 일을 하든지 '주님께 하듯이' 전심을 다했다.

일본의 신사참배 문제가 불거져 나오자 손 목사는 명백하고 단호하게 입장을 취했다. 그 주제에 대해 불 같은 설교를 한 다음 날, 그는 경찰서로 잡혀갔다. 불가피한 일이었다. 그는 몇 주에 걸쳐 일본 경찰에게 심문을 받은 후 3년 형을 언도받고 도청소재지인 목포로 이송되었다. 손 목사의 아내가 배웅을 하기 위해 기차역까지 따라 나와서 호송자들의 눈을 피해 당부의 말을 건넸다.

"주기철 목사의 아내가 했던 말을 기억하시죠? '당신이 굴복해서 신사참배를 한다면 당신은 더 이상 제 남편이 아닙니다.' 저도 오늘 당신께 같은 말을 하고 싶어요."

"내 걱정은 마시오. 집에 가서 기도하길 멈추지 마시오."

감옥에 수감된 지 약 2년이 흐른 무렵, 교도소장이 손양원 목사를 그의 집무실로 호출했다.

"내가 만주에 있는 당신의 아버지로부터 편지를 받았소. 그 편지를 당신에게 줄 수는 없지만 그 내용을 전해 주겠소. 그분은 당신에게 왜 그렇게 어리석냐고 묻고 있소. 어째서 네 신앙 때문에 그처럼 바보가 되었느냐고 묻소. '네 자신만 고통을 당하는 게 아니라 온 가족이 고통을 당하고 있다. 너는 네 신앙을 완전히 오해했다. 모든 기독교인이, 너보다 훨씬 훌륭한 많은 신자들이 신사참배는 애국자의 의무라는 것에 동의했다. 정신을 차려라. 집으로 돌아가 가족을 돌보거라.'"

"내 아버님은 그런 편지를 쓰실 분이 아니오."

손 목사는 한마디만 던진 채 자기 감방으로 돌아갔다.

몇 년 후 출감한 손 목사는 아버지가 출석하던 교회의 목사로부터 진짜 이야기를 듣게 되었다.

"당신의 아버지가 교도소장으로부터 편지를 받았습니다. 당신을 회유하는 편지를 써서 결국 집에 돌아가 가족을 돌보게 하라는 내용이었지요. 목사님의 가족은 목사님 근처에 있으려고 목포로 이사했다가 집에 가미다나 신을 모시길 거부한다는 이유로 퇴거명령을 받고 피난민 신세가 되어 살았습니다. 아버님이 그 편지를 내게 가져와서 보여 주었습니다. 우리는 그 편지를 놓고 함께 기도했습니다. 그리고 아버님은 답신을 발송하기 전에 나에게 보여 주었습니다. 그분은 '신앙을 잃은 인생은 죽은

손양원 목사

것이다. 감옥에서 죽는 편이 훨씬 낫다'고 썼습니다."

일본에서 해방되고 대한민국을 수립한 후 일부 정부 관료들은 국민에게 애국심을 고취시키기 위해 일본의 신사와 비슷한 무언가가 필요하다고 느꼈다. 더 이상 한국에는 신도(神道)와 신사가 없었다. 그렇다면 태극기가 그 역할을 하리라 생각했다. 그래서 공식석상에서 국기를 향해 절하는 행위를 정례화했고, 각 학교에 이를 시행하라는 조서를 보냈다.

한국의 태극기는 유교와 관련된 옛 상징들을 내포하고 있는데, 이는 주술적이며 미신적인 것이었다. 따라서 국기를 향해 절하는 행위는 십계명 중 두 번째 계명을 범하는 것이기에 기독교인의 마음을 심란하게 했다.

손양원 목사는 한국 장로교 총회 모임에서 열띤 연설을 한 후 그 자리에서 대통령에게 이 쟁점을 제기하는 위원회의 의장으로 위촉되었다. 대통령과의 면담 결과, 국기를 향해 절하는 행위가 눈을 국기에 고정시킨 채 경례를 하거나 부동자세로 서 있는 것으로 바뀌었다.

두 아들의 죽음

태평양 전쟁 후 미 군정이 한국에서 국방경비대를 훈련시키기 시작했다. 여러 곳에 훈련소가 세워졌다. 손양원 목사가 거주하던 순천에서 가까운 여수에도 훈련소가 들어섰다. 미국 군사고문단은 순진하게 전통적인 민주주의 이념에 충실하다 보니 훈련생 선발 자격요건에서 정치적인 제한을 모두 없앴다. 공산주의자들도 또 하나의 정당으로 인정되어 다른 집단들과 똑같은 대우를 받았다.

그런데 공산주의자들이 그 기회를 포착해 북쪽에서 국가전복 훈련을 받은 젊은이들을 파견해서 지원하게 했다. 1948년 봄에 이르러 여수 훈련소에 있던 그 공산주의 대원들이 자신들의 사명을 완수하고 전복 조직을 완전히 정비했다.

북쪽의 지령을 받은 날, 반란이 일어났다. 한국 경찰관들이 붙잡혀 총살을 당했다. 불시에 당한 미국 고문단은 황급히 몸을 피하였다.

공산주의자들이 먼저 군대를 장악하고 이후 도시 전체를 손아귀에 넣고 말았다. 러시아에서 훈련받고 남파된 젊은이들이 러시아 정권을 세웠다. 공포정치가 시작되었고 '인민의 적들'을 재판하기 위해 '인민재판소'가 세워졌다. 모든 자본가와 압제적인 지주들, 반동분자들을 비난하면서 폭도를 끌어모았다. 이후 불행한 부르주아들이 앞으로 끌려나와 폭도들의 비방과 저주와 정죄를 받았다. 수백 명이 일렬로 서서 총살형을 당했고 그 피가 사방에 흘러넘쳤다.

당시 손 목사의 두 아들이 여수에서 학교를 다니고 있었다. 두 아들은 모두 진정한 기독교인이라서 분명히 공산주의자들의 표적이 될 것을 그는 알고 있었다.

공산주의자들이 순천도 점령했다. 비상계엄령이 떨어져서 도시에서 움직이는 것조차 위험했다.

그러던 어느 날, 손 목사의 딸이 두 오빠가 여수에서 공산당에게 죽임을 당했다는 소문을 전했다. 손양원 목사는 아이들이 아직 고등학생이므로 잘못 들은 것이 틀림없다고 생각했다. 하지만 진상을 파악하기 위해 평소 친분이 깊은 나환자 홍 장로를 여수로 보내기로 결심했다. 공산주의자들이 늙은 나환자 거지가 여기저기 돌아다니는 것은 신경 쓰지 않을 것으로 생각했기 때문이다.

홍 장로는 두 아들이 살던 하숙집 주인을 찾아냈고 그로부터 사건의 전말을 들었다. 공산주의자들은 서울, 대구, 부산 등 다른 도시들이 자기네 편이 되었다고 선전하며, 곧 온 한국 땅이 자본주의 압제에서 해방될 것이라고 외쳤다. 학교 친구들이 하숙집에 와서 두 소년에게 서둘러 그 도시에서 피신하라고 권유했다. 그러나 손 목사의 장남이 거절했다.

"이것은 믿음과 불신 사이의 전쟁이야. 하나님 이외에는 피신할 곳이 없어."

다음 날 아침 일찍 두 아이는 일어나서 함께 새벽기도를 드렸다. 큰 위기가 닥쳤다는 것을 직감했다. 그들은 목욕을 하고 가장 좋은 옷을 입었다. 아침식사를 하기도 전에 친구들이 와서 서둘러 몸을 숨기라고 간곡히 호소했다. 두 아들은 기독교 골수분자로 알려져 있던 터라 표적이 될 것이 뻔했다. 그러나 두 아이는 도망가지 않고 방에 머물러 있기로 결심했다.

오전 10시경 공산주의자 학생들이 집을 둘러싸고 두 아이를 밖으로 끌어낸 후 형부터 구타하기 시작했다.

"내가 무슨 죄를 지었다고 때리는 것이냐?"

"너는 친미분자다. 미국으로 유학 갈 계획을 세웠잖아?"

"나는 친미분자가 아니야. 나는 예수 그리스도를 통해 하나님을 믿는 사람일 뿐이야. 내가 무슨 이유로 미국을 추종한다고 생각하니?"

"어라, 예수쟁이야!"

그들은 화가 나서 소리쳤다.

"종교는 자본주의자들이 민중을 노예 상태로 두려고 그들에게 주는 아편이야. 너를 흠씬 두들겨 패서 그 더러운 몸에서 미신을 쫓아내야겠다."

"너희가 나를 죽일 수는 있어도 내 마음에서 나의 주 예수님을 끌어내진 못해."

동생인 동신도 형을 두둔하고 나섰다. 그러자 폭도들은 동생에게도 달려들었다.

몇 명은 두 아이의 방을 샅샅이 뒤졌고, 문서와 편지, 책을 모두 압수해서 공산당 본부로 가져갔다. 두 아이도 끌려갔다.

이튿날 하숙집 주인은 그들이 총살당했다는 소식을 들었다. 그는 현장에 달려가 아이들의 주검을 찾아낼 수 있었다. 그는 함께 총살을 당한 기독교인 남편을 둔 한 여인으로부터 두 아이는 끝까지 그들을 체포한 자들에게 예수님을 믿으라고 촉구했다는 이야기를 들었다.

"왜 우리 민족이 서로 싸워야 합니까? 우리 모두 기독교인이 된다면 우리 땅은 축복을 받을 것입니다."

두 형제는 정부 건물 뒤편으로 끌려갔다. 그곳에는 이미 인민재판을 받고 총살당한 수십 구의 시체가 나뒹굴고 있었다.

"자, 두 눈으로 똑똑히 봐라."

권총을 지닌 주동자 안재선이 말했다.

"마지막 기회를 주겠다. 마음을 돌이켜 우리와 함께한다면 살려 주겠지만, 아니면 죽음을 면치 못해."

"당신이 내 목구멍으로 내장을 꺼낼 수는 있어도 내 마음에서 예수 그리스도를 꺼낼 수는 없습니다."

첫째 아들 동인이 이야기하자 한 학생이 소리쳤다.

"더 이상 시간 낭비하지 말고 죽여 버려!"

그러자 동생이 형 앞에 뛰쳐나와 이렇게 말했다.

"나를 죽이고 형을 살려줘!"

동인이 동생의 어깨를 잡아당겨 뒤로 숨기며 말했다.

"무슨 소리야! 나를 죽이러 온 거야. 너는 집에 돌아가서 부모님을 모셔라."

공산주의 학생들은 동인을 붙잡아 눈가리개를 씌웠다.

"너희는 왜 이런 무도한 죄를 저질러 지옥에 가려고 하는 거야? 예수님을 믿고 구원을 받아!"

그는 끝까지 두려워하지 않고 소리쳤다. 그러나 이 말이 그들을 더욱 화나게 만들었다. 안재선은 권총을 들고 "하나, 둘, 셋"을 외친 후 방아쇠를 당겼다. 동신이 앞으로 달려가 형의 몸을 감싸 안았다.

"형은 천국에 갔다. 나도 따라갈 거야. 너희는 왜 무고한 사람이 피를 흘리게 하는 거야? 이 큰 죄를 어떻게 씻을 수 있겠어? 하지만 아직 늦지 않았어. 지금이라도 돌이켜 회개하고 그리스도를 너희 구원자로 영접하면 하나님께서 너희를 용서해 주실 거야!"

한 학생이 소리쳤다.

"저 놈도 죽여 버려!"

동신이 외쳤다.

"그래 죽일 테면 죽여 봐. 그러면 나도 형을 따라 천국에 갈 테니까."

그는 십자가 모양으로 팔을 벌렸다.

"예수님은 나를 위해 십자가에 못 박히셨다. 나도 십자가 모양으로 죽을 거야. 자, 어서 나를 쏴라!"

한 공산주의자가 소리쳤다.

"이놈은 형보다 더 악질이군. 죽여 버려!"

동신은 눈을 감고 큰 소리로 기도했다.

"아버지, 저들을 용서해 주세요. 저들은 자신이 하는 일을 알지 못합니다. 저들이 회개하도록 하소서. 저희 부모님을 돌봐

주소서. 주 예수님, 저의 영혼을 받으소서…”

총성이 울려 퍼졌다.

감사로 드려진 장례식, 사랑으로 품은 소년

홍 장로는 이 슬픈 소식을 듣고 즉시 순천으로 돌아갔다. 손 양원 목사와 그의 아내가 홍 장로를 도시 입구에서 만났다. 그가 전하는 이야기에 손 목사의 아내는 실신했다. 많은 나환자 교우들이 손 목사를 위로하러 왔다.

“어서 집으로 돌아가서 안정을 취하세요.”

그러나 손 목사는 “내가 쉴 곳은 하나님 안이요”라고 대답하고는 고회로 가서 하나님 앞에 엎어졌다.

“주여, 저에게 믿음을 주옵소서! 하나님 아버지, 저와 같은 죄인에게 순교자가 될 만한 두 아들을 주신 축복으로 인해 감사를 드립니다. 누가 저희 아이들을 쏘았는지 저는 모르지만 주님은 아십니다. 그를 불쌍히 여기옵소서. 저도 그를 용서할 수 있도록 저에게 사랑을 주옵소서!”

손 목사는 두 아들의 시체를 순천으로 가져와 장례를 치렀다. 손 목사는 이렇게 말했다.

“나의 두 아들은 나환자를 위해 일하는 목사가 되려고 했으니, 그들을 나환자의 공동묘지에 장사하도록 해 주십시오.”

다음 날 큰 장례식이 거행되었다. 모든 나환자 교우와 순천에서 온 많은 기독교인들이 그 예식에 참석했다. 손양원 목사가 직접 예배를 집례했다. 슬픔으로 흐느끼는 성도들의 머리 위에 그의 목소리가 낭랑하게 울려 퍼졌다.

“오 주님, 감사합니다. 저를 순교자의 아비가 될 만큼 인정해 주셔서 감사드립니다. 저에게 이런 보석 같은 아들들을 주셔서 감사합니다. 아이들이 주님을 위해 함께 서게 해 주신 것도 감사합니다. 그들이 입을 다물 수도 있었지만 죽는 순간까지 담대하게 복음을 전했습니다. 그들이 미국에 유학가려 했으나 주님이 훨씬 좋은 곳으로 데려가셨습니다. 주님, 두 아들을 죽인 자들을 향한 사랑이 제 속에 충만하게 해 주셔서 감사드립니다. 오 하나님, 그들이 회개하게 해 주시고 그들을 구원하옵소서. 우리 아들들의 믿음에 관한 소문을 듣고 많은 사람들이 주 예수님을 그들의 구원자로 영접할 것임을 압니다. 저에게 그들의 빈자리를 채울 수 있는 많은 영적 자녀들을 허락해 주소서. 그리고 이런 슬픔 중에도 저에게 평안과 기쁨까지 주신 것을 감사드립니다. 오직 주님만이 이런 일을 하실 수 있기 때문입니다.”

이틀 후 국군이 투입되었고 공산주의 반란군은 산으로 도망쳤다.

손양원 목사는 친구인 라 목사를 여수로 보내 군인들에게 두 아들을 쏴 죽인 사람을 살려 달라고 부탁하도록 했다. 그때 열두 살 된 손목사의 딸을 함께 보냈다.

"제 정신이세요?" 군인들이 의아해하며 물었다. "그건 거짓말입니다. 자기 아들 둘이나 죽인 살인자를 살려 달라고 부탁했다고요?"

"그럼 이 소녀에게 물어보시오"라고 라 목사가 대답했다.

"넌 누구니?"

"저는 손양원 목사의 딸이에요. 총살당한 두 학생이 제 오빠예요."

"그런데 너는 왜 여기에 왔니?"

"아버지가 제 오빠들을 죽인 사람의 목숨을 살려줘서 아버지께 보내 달라고 부탁하도록 나를 보냈어요."

담당 한국군 장교는 이런 기묘한 사안을 조사해 보기로 결심했다. 그는 방아쇠를 당겼던 공산주의자 안재선 학생을 결박해 차에 태운 후 순천에 있는 손양원 목사를 직접 찾아갔다.

"두 아들을 죽인 살인자의 목숨을 살려 달라고 요청하신 게 사실인가요?”

“그렇습니다. 내 두 아들은 죽을 준비가 되어 있었습니다. 그들은 기독교인들이었습니다. 하지만 이 아이는 죽을 준비가 되어 있지 않습니다. 아직 주 예수님을 모르고 있어요. 제발 그를 내게 맡겨 주십시오. 적어도 처형을 연기해 주십시오. 내가 개인적으로 아는 이승만 대통령에게 사면 청원서를 보내겠습니다. 내가 이 아이에게 주 예수님을 전해서 죽음을 준비할 수 있게 하겠습니다.”

대령이 이렇게 외쳤다.

“예전에 이만큼 큰 사랑은 들어본 적이 없습니다. 저로서는 이해할 수 없는 일이군요. 그러나 목사님의 진정성을 믿습니다. 요청하신 대로 이 젊은이를 목사님께 넘기겠습니다. 목사님이 그를 전적으로 책임져야 합니다.”

손 목사는 그 아이를 그의 부모에게 데리고 갔다. 그의 부모는 극진히 예의를 갖추고 감사하는 자세로 손 목사를 맞았다.

“제가 왜 당신네 아들의 목숨을 살려 달라고 요청했는지 설명하고 싶습니다.”

손 목사는 주 예수님이 갈보리에서 행하신 일이 무엇인지, 그리고 그분이 어떻게 그의 사랑을 신자들의 마음속에 부어 넣으

섰는지에 대해 얘기했다. 그는 하나님의 구속의 은혜에 관한 놀라운 이야기를 간단명료하게 설명했다. 좁은 방 안에서 아버지와 어머니와 아들이 모두 손 목사와 함께 무릎을 꿇고 예수님을 그들의 구원자와 주님으로, 구주로 영접했다.

두 부부는 손 목사의 사랑에 보답하는 의미에서 그의 딸을 그 가정으로 영입하겠다고 제안했다.

"우리는 딸이 없습니다. 우리는 따님과 함께 살면서 기독교인이 되는 법을 날마다 배우고 싶습니다. 목사님이 보여 주신 사랑은 인간의 지식을 뛰어넘는 것입니다. 우리는 그 사랑을 보고 또 느껴야 합니다. 우리도 그 사랑을 품어야겠습니다."

손양원 목사의 감동적인 이야기는 입에서 입으로 남한 전역에 전파되었다. 이에 관한 책이 집필되어 『사랑의 원자탄』이란 제목으로 출판되었다.

미국이었다면 영화로 만들어졌을 것이다. 한 기독교 학생단체가 선교 연극단을 조직해서 그 이야기를 드라마로 만들었다. 그들은 전국을 순회하며 수많은 관중에게 공연을 했다. 연극이 끝날 때마다 복음이 선포되고 예수님을 구원자로 영접하라는 초대가 이뤄졌다. 이 감동의 드라마를 보고 영생으로 인도된 사람은 이루 헤아릴 수 없을 정도다.

한국 전쟁 발발 후 공산군은 남쪽으로 밀고 내려와서 호남지역을 점령했다. 그때 손양원 목사도 많은 기독교인들과 함께 피신할 것을 권유받았다. 하지만 그는 거절했다. 자신이 있어야 할 곳은 나환자들과 함께하는 곳이라고 생각했다. 그래서 나환자촌에서 그냥 살았다.

손 목사는 예배드리는 일을 계속했다. 공산주의자는 모든 종교적 모임을 금지시켰다. 그들의 반대와 경고에도 불구하고 손 목사가 계속 예배를 드리자 그들은 결국 그를 체포해 감옥에 감금했다.

인천상륙작전의 소식이 전해지자, 수감자들은 밤중에 다른 도시로 이송된다는 말을 들었다. 그러나 한 무리씩 감옥소에서 불려 나오는 순간 매복한 공산군에 의해 총살을 당했다. 한 남자가 기적적으로 도망쳐서 도시로 돌아와 이야기의 전말을 전했다.

다음 날 아침 시신들이 수습되었다. 손양원 목사는 나환자의 묘지에 두 아들과 함께 매장되었다.

두 아이를 살해한 안재선은 기독교인이 되었을 뿐만 아니라 자신이 살해한 두 아이의 자리를 채우기 위해 삶을 헌신했다. 그는 부산에 있는 고려 신학교에 입학했다.

손양원 목사의 추도예배에서 그는 이렇게 말했다.

"기독교인들을 박해하던 다소의 사울이 바울이 되었습니다."

7

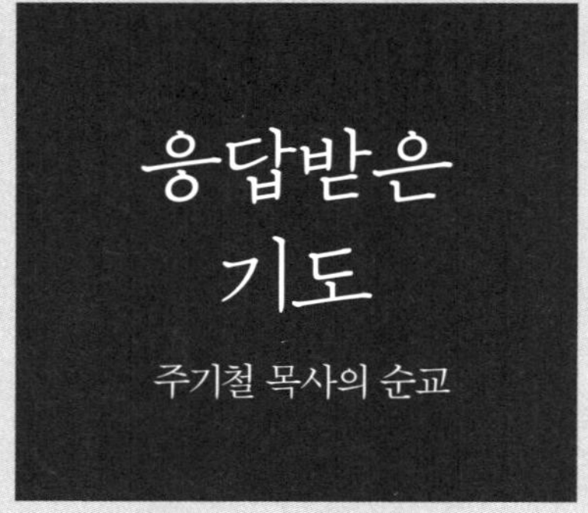

The Christ of the Korean heart

그들은 무엇을 위해 기도했을까? 주기철 목사가 감옥에서 풀려나도록 기도한 것일까? 아니다! 그의 출옥은 곧 그가 굴복하고 태양 여신에게 절하기로 타협했다는 것을 의미한다는 것을 그들은 알고 있었다. 그래서 그들은 주기철 목사가 감옥에서 나오지 않도록 기도했다. 그리고 그들의 기도는 응답되었다.

미군들이 나에게 "이런 한국인들이 과연 좋은 기독교인이 되나
요?"라고 물을 때면 나는 "무슨 뜻인지요? 당신 같은 기독교인
말인가요?"라고 대꾸하고 싶어진다. 그들이 "이 사람들은 그저
무언가를 얻어 내려고 기독교인이 된다고 믿어요"라고 말할 때
는 나는 주기철 목사가 떠오른다.

　주기철이 입학한 오산학당은 기독교 학교였다. 그는 학교에
입학했을 때, 학교 교회에 다니는 것을 당연하게 생각했다. 주
기철의 고향은 남쪽 지방이었고, 그의 집안은 비기독교 가정이
었으나 기독교를 반대하지는 않았다. 그는 신약성경과 찬송가
를 샀고 정기적으로 교회에 출석하기 시작했다. 기독교 교리를
배운 그는 스스로를 기독교인으로 생각했다. 목사의 질문에도
척척 대답한 후 교리문답 반에 들어갔고, 일 년 후 당회 앞에서
시험을 통과하고 세례를 받았다.

　일정한 과정을 거쳐 그는 집사로 임명되었다. 그는 성실하고
신실한 신자였다. 누구나 그를 '매우 잘 믿는' 신자로 생각했

다. 그는 기독교 학교 학생인 데다가 목소리가 좋아서 일요일 아침예배 때 정기적으로 설교를 해 달라는 부탁을 받았다. 그는 자신이 교회의 가르침을 삶에 철저히 적용한 적이 없다는 사실에는 별로 신경을 쓰지 않았다.

한번은 시외의 한 술집에서 밤새도록 술을 마신 후 일요일 아침에 학교로 돌아왔다. 그는 자신의 집에서도 항상 술을 즐겼다. 주기철은 기독교인이 술을 마시지 않는다는 것은 알고 있었지만 왜 그러는지는 정확히 알지 못했다. 그저 자신이 무슨 짓을 하든 아무도 신경 쓸 필요가 없다고 생각했다.

그 술 취한 일요일 아침, 주기철은 그날이 자신의 설교 차례라는 것을 알게 되었다. 얼른 찬물로 세수를 하고 술기운을 떨쳐 낸 후, 황급히 무언가를 준비해 강단에 올라섰다. 그런데 전할 메시지가 없다는 것을 깨달았다. 뭔가 잘못되었다. 하지만 그는 문제가 무엇인지 꼭 집어서 말할 수 없었다. 대다수 독실한 기독교인이 따르는 삶의 모습을 자신이 따르지 않았다는 사실만으로는 그 문제를 알 수 없었다. 주기철은 자신이 배운 올바른 교리대로 설교를 했지만 그 설교에 의미나 힘이 없는 것 같았다. 그때부터 그의 심경이 불편해지기 시작했다.

거듭남의 결과

'한국의 빌리 선데이'로 불리던 김익두 목사의 전도집회가 열렸고, 그 밤의 설교 주제는 "거듭나야 할지니라"였다. 그 자리에서 주기철은 자신이 거듭난 적이 없다는 사실을 비로소 깨달았다. 그는 '육신의 의지'로 기독교인이 되었을 뿐, 실상은 하나님의 자녀가 아니었다.

> 영접하는 자 곧 그 이름을 믿는 자들에게는 하나님의 자녀
> 가 되는 권세를 주셨으니(요 1:12)

그는 이 구절을 많이 읽었었다. 그런데 이제야 이 구절이 영광의 빛을 발하기 시작했다. 자신이 그리스도에 관한 무언가를 믿긴 했지만 그분을 영접한 적이 없다는 사실을 깨닫게 된 것이다.

김익두 목사가 통성기도를 요청했을 때, 주기철은 눈을 감고 고뇌에 찬 얼굴을 들어 하늘을 우러러 보았다. "주 예수여, 제 마음속에 들어오소서." 기쁨이 그의 영혼에 넘쳐흘렀다. 그는 자신의 기도가 응답되었음을 알았다.

몇 주가 지난 후, 그는 옛것이 지나가고 모든 것이 새롭게 되었다는 것을 깨달았다. 그의 마음은 온통 구세주에 대한 생각

으로 가득 찼다. 그분은 얼마나 놀라운 분인가! 자신처럼 못난 사람을 위해 그 귀중한 피를 십자가에서 흘리셨다니, 이에 비견할 사랑이 있는가! "하늘과 땅의 모든 권세를 내게 주셨으니… 볼지어다, 내가 세상 끝날까지 너희와 항상 함께 있으리라"(마 28:18-20). 이 얼마나 값진 교제인가! 이 천상의 기쁨이여! "나의 평안을 너희에게 주노라. 내가 너희에게 주는 것은 세상이 주는 것과 같지 아니하니라"(요 14:27).

날마다 그는 새로운 것을 깨닫게 되었다. 익숙했던 구절의 뜻이 새롭게 다가오고, 잘 알던 찬송가의 가사가 새롭게 마음에 와닿았다. 그리고 예전에 품었던 욕망들이 깨끗이 사라졌다. 하나씩 회개한 것이 아니었다. 그런데도 그런 것들이 더 이상 그의 머릿속에 떠오르지 않았다. 이제 그에게는 생각해야 할 다른 것들이 많이 있었고, 해야 할 일이 너무나 많았다.

얼마 지나지 않아 그는 하나님의 분명한 부르심을 들었다, "너의 인생을 나에게 다오." 그는 자발적으로 응답했다. "주여, 주님이 십자가 위에서, 그리고 날마다 저를 위해 당신 자신을 주셨는데, 제가 무엇이든 주님께 드리지 않겠습니까?"

세월이 흘러 주기철은 평양에서 신학교를 졸업하고 그의 고향에서 가까운 조그만 교회로 초빙돼 남쪽으로 내려갔다. 그는 주님이자 구세주인 예수 그리스도의 은혜와 그분을 아는 지식이 자람어 따라 복음을 전하는 능력도 함께 커져 갔다.

어느 날 그는 평양에 있는 유명한 제4장로교회로 초빙을 받았다. 유니언 기독대학과 신학교로부터 멀지 않은 곳이었다. 많은 학생들이 그의 교회로 왔고, 그는 그들에 대한 부담을 마음에 짊어졌다. 하나님의 위대하심과 주권이 주기철 목사의 마음에 각인되기 시작했고, 그의 많은 설교는 이 위대한 주제를 다루는 데 할애되었다.

이미 일본의 태양신인 아마 테라소를 경배하는 큰 신사가 그 도시 북부에 세워졌다. 많은 학교들이 정기적으로 이 신사 앞에 절하도록 동원되었다. 갈수록 더 많은 사람을 신사참배에 동원시키라는 압력이 높아졌다. 기독교인들은 참여를 거부했고, 기독교 학교들은 폐교되는 중이었다. 곳곳에서 그 문제에 대한 열띤 논쟁이 벌어졌다. 일본인들은 신상 앞에 절하는 것은 경배의 행위가 아니라 경의의 표시라고 주장했다. 그것은 종교의 문제가 아니라 애국심의 문제라는 것이었다.

주기철 목사는 더욱 진지하게 또 더욱 명백하게 설파하기 시작했다. 한마디로, 기독교인은 신사에 절할 수 없다는 것이었다. 그러자 형사들이 정기적으로 예배에 참석해 감시했다. 주기철 목사도 그 사실을 잘 알고 있었고, 경찰서에 소환되어 경고를 받기도 했다.

다음 일요일, 주 목사는 간절한 기도를 길게 드린 후 모든 것을 포기한 채 "신사참배는 우상숭배입니다"라고 설파했다. 이튿날 아침 경찰서에 소환될 것은 뻔한 일이었다. 예상대로 일본인과 한국인 경찰이 한 조가 되어 주기철 목사를 감옥으로 호송했다.

판에 박힌 고문들이 시작되었다. 처음에는 논쟁으로 시작해 심문으로, 위협으로, 구타로, 그리고 '물 치료'로 불리는 약한 고문에서 더 잔인한 고문으로 고문들이 줄줄이 이어졌다. 교회의 신실한 신도들이 매일 아침 5시에 모여 새벽기도회를 열었다. 겨울에도 어둠을 뚫고 다 함께 모였다. 그들은 사랑하는 목사를 위해 하나님께 그들의 영혼을 쏟아 놓았다. 그중에 가장 열심이었던 사람은 바로 주 목사의 부인이었다.

그런데 그들은 무엇을 위해 기도했을까? 주기철 목사가 감옥에서 풀려나도록 기도한 것일까? 아니다! 그의 출옥은 곧 그가 굴복하고 태양 여신에게 절하기로 타협했다는 것을 의미한다는 것을 그들은 알고 있었다. 그래서 그들은 주기철 목사가 감옥에서 나오지 않도록 기도했다. 그리고 그들의 기도는 응답되었다. 주 목사는 고문 끝에 죽게 되었다.

그의 죽음 가운데 주 예수 그리스도의 말씀의 실체가 오롯이 드러났다.

몸은 죽여도 영혼은 능히 죽이지 못하는 자들을 두려워하지 달고 오직 몸과 영혼을 능히 지옥에 멸하실 수 있는 이를 두려워하라(마 10:28)

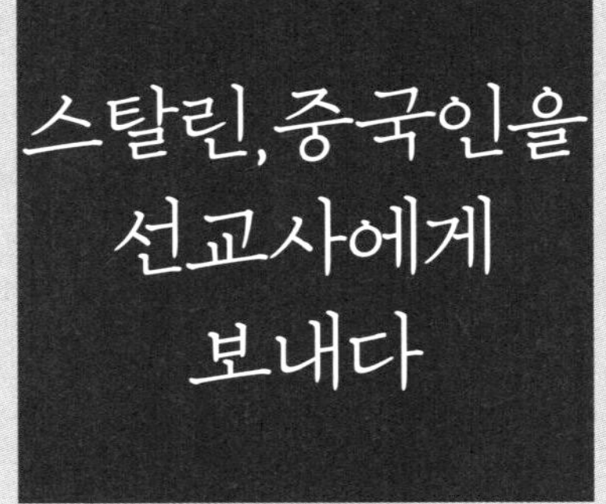

8

the Christ of the
Korean heart

이 목사는 나에게 포로수용소에서 보낸 몇 주 동안 29년간 중국에서 선교한 것보다 더 많은 회심자를 얻게 되었다고 말했다. 선교사가 이방의 땅인 중국으로 갈 수 없게 되자 스탈린이 이교도들을 선교사에게 보낸 것이었다!

역사를 살펴보면 사람의 분노가 오히려 하나님의 영광을 드러내는 경우가 많이 있다. "영문 밖 저 푸른 언덕(골고다 언덕)"에서, 바울이 투옥되었던 빌립보의 감옥에서, 엘리야가 바알 선지자들과 대결했던 에스드렐론 평원의 뜨거운 용광로에서, 사도 요한이 유배되었던 밧모섬에서, 또는 천로역정을 쓴 존 번연이 갇혔던 베드포드 감옥에서.

중공군 전쟁 포로를 유치했던 한국의 수용소에서도 그런 일이 일어났다. 빌라도와 느브갓네살, 헤롯과 네로와 마찬가지로 스탈린 역시 하나님을 부인하는 인물이었다. 스탈린은 중공군을 한국 전쟁에 밀어 넣을 때 자기가 무슨 짓을 하고 있는지 몰랐다.

중공군이 한국전에 참전했을 때, 한국인 선교사 한 명이 사역지인 증국에서 나와 한국에 머물고 있었다. 한국이나 중국에 온 미국인 선교사를 말하는 게 아니라 한국인 선교사를 말하는 것이다. 당시 한국교회는 외국인 선교사를 40년 넘도록 유치하고 있었다.

1912년 한국장로교회가 독립하고 장로교 총회가 결성되었을 때, 한국교회는 진정한 기독교회가 되려면 해외 선교사를 파송해야 할 것이라고 생각했다. 그래서 해외선교위원회가 설립되었고 중국으로 보낼 선교사를 위해 모금하기로 결정했다. 선교비는 세 명의 선교사를 지원할 수 있는 금액이었다. 하지만 중국으로 갈 선교사를 모집했을 때 놀랍게도 총회의 모든 사람이 자원했다!

만일 미국의 총회에서 모든 회원이 해외 선교에 지원한다면 어떤 일이 벌어질까? 우리가 수십 년간 기도해 왔던 부흥이 일어나지 않을까?

군목 우드베리와 한국인 조력자 한 목사가 중국어로 중공군 전쟁포로에게 찬송을 가르치는 모습

한국 전쟁이 발발하자 이태영 선교사는 선교지인 중국으로 되돌아갈 수 없었다. 그는 유능한 설교자이자 위대한 기도의 사람이라 고국에서 부흥회와 사경회를 통해 놀랍게 하나님의 쓰임을 받고 있었다.

이태영 목사는 한국에 있는 중공군 포로수용소에서 복음전도 집회를 인도해 달라고 두 차례 초빙을 받았다. 거기에는 수천 명의 중국인 청중이 있었다. 중국에서는 그런 기회를 얻은 적이 없었다. 날마다 중공군 포로들은 열심히 이 목사의 설교를 경청했고, 신앙으로의 초대에 수백 명씩 반응을 보이곤 했다.

이태영 목사의 메시지는 "왜 다시 공산주의로 되돌아갑니까?"라든가 "민주주의를 선택하면 자유를 얻게 됩니다"가 아니었다. 당시는 본국 송환을 거부하는 문제에 대해 아무도 생각하지 않는 때였다. 이 목사의 메시지는 오래된 단순한 복음이었다. "하나님 앞에서 여러분은 모두 죄인입니다. 죄의 삯은 사망입니다. 그러나 사랑이 많으신 하나님은 그의 아들을 보내어 우리의 죄 때문에 피를 흘리게 하셨습니다. 여러분이 예수님을 믿으면 하나님께서 영생을 선물로 주십니다. 여러분은 예수님을 여러분의 구원자로 영접하시겠습니까?"

이 목사는 나에게 포로수용소에서 보낸 몇 주 동안 29년간 중국에서 선교한 것보다 더 많은 회심자를 얻게 되었다고 말했다. 선교사가 이방의 땅인 중국으로 갈 수 없게 되자 스탈린이 이교도들을 선교사에게 보낸 것이었다!

하나님이 예비하신 사람들

이런 이교도 중국인들을 받게 된 선교사는 얼 우드베리(Earle J. Woodberry) 목사였다. 그는 중국에서 민간인 신분으로 수년간 섬겼으나 토지몰수 법령 시행으로 다시 중국으로 돌아갈 수 없었고, 한국으로 파송받아 학생들에게 영어를 가르치며 일할 수 있게 되었다.

1950년 가을, 북한 공산군이 퇴각하자 중공군이 한국 전쟁에 참전하게 되었다. 1951년 3월에 미8군이 중공군 포로들을 전도할 목사를 찾고 있다는 소식을 듣고 우드베리 씨가 자원했다. 그는 이미 중국에서 군무원이자 연락관으로서 미군 부대에서 사역한 경험이 있었다.

하나님은 우드베리 군목에게 한 목사를 매우 특별한 조력자로 붙여 주셨다. 한 목사는 북한군이 침공하기 한참 전에 북한 공산주의를 피해 삼팔선 남쪽으로 월남한 사람이었다. 그는 예배 참석자가 천 명이 넘는 대구 제일장로교회의 목사로 섬기고 있었다.

그런데 1950년 크리스마스 행사 중 큰 시련이 닥쳤다. 그날 예배당은 초만원을 이루었는데, 소위 '빨갱이'로 추정되는 사람이 "불이야!" 하고 외치는 바람에 놀란 사람들이 우르르 피하다가 42명의 어린이들이 압사를 당하는 참변이 발생했다. 이 사건으로 마음이 여린 한 목사는 한동안 휴가를 냈다가 결국 교회에서 사임하고 말았다.

한 목사는 중국에서 오랫동안 산 적이 있었다. 중국에서 고등학교와 대학교를 다녔고, 목회를 위해 신학교에서도 공부했다. 한마디로 중국통이었다. 그는 훌륭한 설교자였을 뿐 아니라 주님을 향한 사랑과 인간 영혼에 대한 사랑이 가슴속 깊이 넘쳐흐르는 사람이었다. 우드베리 군목은 한 목사를 대구에서 알게 되었고 한 목사가 비참한 일을 겪는 동안 그와 함께한 사이였다.

우드베리 군목은 일본에서 예비교육을 받은 후 부산에 있는 전쟁 포로수용소에 도착했을 대 조력자가 필요하다는 것을 알았고, 그것을 기도제목으로 삼았다. 얼마 지나지 않아 그는 우연히 한 목사와 마주치게 되었다. "이것은 지난달에 내가 드린 기도에 대한 주님의 응답입니다." 우드베리 군목의 요청에 한 목사가 보인 즉각적인 반응이었다. 이후 2년 동안 두 사람은 한 팀을 이뤄 선교 역사상 가장 놀라운 사건의 하나에서 하나님의 도구로 동역하는 관계가 되었다.

그들이 처음 수용소 철책선 안에 들어갈 때나 물밀 듯 밀려오는 새로운 포로들을 만났을 때는 포로들이 의심을 눈초리를 보내거나 무뚝뚝하고 반응이 없었다. 미국인을 경계하라는 말을 들었기 때문이었다. 미국인은 기만적이고 사악한 자본주의 사기꾼들이라고 교육을 받았던 것이다.

줄줄이 밀려오는 수천 명의 포로들 중 기독교인은 극소수에 불과했다. 그들 중 삼분의 일은 평생 예수라는 이름조차 들어 보지 못했고, 또 다른 삼분의 일은 예수의 이름은 들어 봤으나 그 이름이 무슨 뜻인지 몰랐다. 나머지는 복음을 듣긴 했으나 그에 대한 지식은 천차만별이었다. 포로들은 수용소 내에 교회가 있다는 것을 알고 있었다. 그러나 그들이 알아들을 수 있는 중국어로 복음의 말씀을 들은 적은 없었다.

그들 중 다수는 중국의 서쪽 지방 출신인데, 그곳은 선교사의 발길이 닿지 않은 선교의 불모지였다. 그들은 '예수'라는 이름조차 들어본 적이 없을 뿐 아니라 스탈린이 그들을 한국으로 보내지 않았더라면 평생 예수의 이름을 들을 기회도 없을 사람들이었다!

자발적인 모임을 만들었지만 참석자가 적었다. 대부분은 호기심에 이끌려 왔다. 접히는 작은 오르간과 찬송이 뭔가 새롭고 신기했을 뿐이었다. 연설을 하는 미군과 그를 섬기는 한국인 노예는 그들에게 별로 신기하지 않았다. 공산주의 세뇌교육을 많이 받았기 때문이다. 이상한 점은 모두 참석하라는 명령을 받지 않았다는 것이었다. 그런데 이 미국인이 그들에게 그들의 고국어로 얘기하고 있다는 사실을 갑자기 알게 되었다!

그들은 그냥 그의 말을 포착하기 위해 열심히 귀를 기울이기 시작했다. 그 내용이 너무나 생소해서 제대로 이해할 수 없었다. 그러나 그들은 곧 이 적군이 매우 우호적이라는 것을 발견했다. 그는 흥미로운 이야기를 들려줬고 그들을 웃게 만들었다. 한국인 조력자의 메시지는 그들의 마음에 알 수 없는 따뜻한 감정을 불러일으켰다!

소문이 포로들 사이에 퍼져 나갔고, 참석인원이 늘었다. 한 달도 채 안 되어 미심쩍어 하던 포로들의 태도가 완전히 바뀌었다. 그들은 낯선 곡조를 배우고 낯선 가사를 익히기 시작했다. 곧 여럿이 찬송가를 부르는 소리가 밤낮으로 쉬지 않고 텐트로부터 흘러나왔다.

하나님의 사랑과 갈보리의 속죄의 피에 대한 메시지가 포로들의 가슴에 와닿기 시작했고, 그들을 주님께 초대하는 목소리도 들렸다. 주님을 영접하고 싶은 사람들이 손을 들었고, 그들의 이름은 명부에 올라갔다. 글을 읽을 수 있는 사람들에게는 복음서가 주어졌다.

　하지만 수용소 내 중공군 장교들은 쉽게 반응하지 않았다. 다수는 교육을 잘 받은 사람들이었다. 그들에게는 공산주의의 약속이 이치에 맞았다. 미국인이나 그의 하수인이 부리는 수작에 넘어가지 않겠다고 다짐했다. 미국인이 종교에 대해 떠들고 있었고, 종교는 그저 아편일 뿐이었다. 이것이 공산주의자들에게서 배운 것이었다. 자본주의자들은 그들의 탐욕과 거짓을 은폐하기 위해 종교를 이용할 뿐이었다. 바로 포로들의 눈앞에서 그런 일이 벌어지고 있는 것이었다. 이들은 유치한 노래와 입에 발린 말에 속지 않겠다고 마음먹었다. 그래서 이번에도 하나님은 사람의 분노를 이용해 그분을 찬양하도록 만드는 작업을 하셔야 했다.

하나님이 일하시는 특별한 방법

　'왕화리'라는 중공군 장교가 중공군 막사의 책임자의 명령으로 체포되었다. 날카로운 단검이 그의 소지품에서 나왔고, 곧 네 명이 가담한 테러 음모가 발각되었다. 질투심과 증오심을 키우던 왕 씨와 몇몇 공모자들이 다른 지도자들을 암살할 계획을 세웠던 것이다. 증거가 명백했기 때문에 그들은 미군 당국에게

넘겨져 처벌을 받을 예
정이었다.

우드베리 군목이 그
막사 책임자를 찾아가
이 사건을 기독교 방식
으로 처리할 수 있을지
물어봤다. "왕 씨가 기

우드베리 군목이 전쟁 포로수용소에서
오르간을 연주하는 모습

독교인입니까?"라고 그 책임자가 물었다.

"글쎄, 나는 모릅니다. 설사 그렇다 해도 달라질 건 없습니
다. 기독교인이라고 해도 내가 방패막이가 되고 싶진 않습니다.
왕 씨가 저지른 짓은 분명 기독교인다운 행위가 아닙니다. 하지
만 하나님은 죄수를 다른 방식으로 다루시는 분입니다. 내가
하나님의 방식을 시도해 보도톤 허락해 주십시오."

왕 씨에 관한 기록을 살펴보았다. 그는 기독교인이 되고 싶어
서 명부에 이름을 올렸던 사람이었다. 막사 책임자는 처벌을 보
류하는 데 동의했다. 그런데 마침 그때 우드베리 군목이 갑작스
럽게 병으로 앓아눕게 되었다. 그래서 한 목사를 대신 보내 왕
씨와 얘기하도록 했다.

군목은 간이침대에 누워 이 문제를 하나님 앞에 내어놓고 간

절히 기도드렸다.

"주여, 이번 사건은 구속의 은혜가 할 수 있는 일을 보여 주는 기회가 될 수 있지 않습니까? 주여, 이들에게 당신의 권능을 보여 주소서."

한 목사는 왕 씨와 그의 공모자들과 긴 얘기를 나눈 후 돌아왔다.

"진심으로 뉘우치는 기색이 전혀 없습니다."

그때 문득 우드베리 군목의 머릿속에 사도행전 5장 31절이 떠올랐다. "이스라엘에게 회개함과 죄사함을 주시려고…" 바로 이 말씀이다! 그것은 하나님의 선물이었다. 왕 씨는 스스로 거기에 이를 수는 없었다. 한 목사와 우드베리 군목은 막사 안에서 함께 무릎을 꿇고 하나님께 간청했다.

"왕 씨에게 회개함과 죄 사함을 주십시오."

만일 하늘 보좌에 앉은 주 예수께서 왕 씨의 마음속에서 왕으로 자리를 잡으신다면, 그분이 회개함을 주실 것이다. 그런 생각에 이르자 한마음으로 뜨겁게 드리던 기도의 내용이 회개에서 왕이 되심으로 바뀌었다.

"주여, 모든 걸림돌을 제거하여 주소서. 주님을 반역하는 왕 씨의 마음에 들어가셔서 통치하소서!"

암울한 거제도의 철조망으로 둘러싸인 수용소. 그 안에 있는 작은 오두막 안 군목 방에서 미국인과 한국인 두 사람이 중공군 포로이자 한 살인 미수자를 위해 중국어로 드린 뜨거운 기도가 주님께 상달되었다. "진실로 다시 너희에게 이르노니 너희 중의 두 사람이 땅에서 합심하여 무엇이든지 구하면 하늘에 계신 내 아버지께서 그들을 위하여 이루게 하시리라"(마 18:19).

"내일 아침 왕 씨에게 다시 가 보시죠."

군목은 그의 충실한 조력자에게 요청했다.

"그리고 왕 씨에게 주 예수 그리스도가 구원자일 뿐 아니라 주님이기도 하다는 것을 분명히 알려 주십시오. 그는 주 예수를 그의 구원자로 영접하고 싶다는 표시로 한 번 손을 든 적이 있습니다. 그리고 지금은 육체적 죽음에서 구출받고 싶어 합니다. 그러나 그가 영적으로 구원을 받지 않는다면 육체적 죽음에서 구출받을 수 없습니다. 만일 그가 마음으로 진정한 회개를 하면 영적으로 구원을 받을 수 있습니다. 그런데 주님이 그에게 회개할 마음을 주시지 않는다면 그는 회개에 이를 수 없고, 그가 예수를 주님으로 영접하지 않는다면 주님이 회개의 마음을 그에게 주실 수 없습니다. 왕 씨에게 그 구절을 읽어 주십시오. 그에게 그 말씀을 암송하라고 하십시오. 하지만 그에게 현재의 위기에서 구출해 주겠다는 약속은 하지 마십시오. 단지 예수를 주님으로 영접하고 그분께 회개하게 해 달라고 간구하라고 요구하세요."

이튿날에도 우드베리 군목은 여전히 간이침대에 누운 채 하나님께 매달렸다. 그것은 한 사람의 목숨을 구하는 것 이상의 일이었다. 단지 한 사람의 영혼이 달린 문제가 아니었다. 그것은 잘 교육받은 무신론자인 중공군 장교들 앞에 하나님의 권능을 나타내는 일이었다.

"이제, 주께서 이루시옵소서….."

다니엘과 같은 고백이 그의 입에서 흘러나왔다.

그날 오후 늦게 한 목사가 밝은 얼굴로 찾아왔다.

"주님이 우리의 기도를 들으셨습니다! 제가 말씀을 전하기 시작하자 왕 씨가 완전히 무너졌습니다. 말씀은 확실히 '살아서 운동력이 있고 양날의 칼보다도 날카롭습니다!' 그는 예수님을 그의 구원자이자 주님으로 영접했습니다. 나는 그가 거듭났다는 것을 압니다. 그의 기도로 알게 되었습니다. 그 기도를 들을 때 그게 진심이라는 것을 알 수 있었습니다."

며칠 만에 왕 씨와 공모했던 세 명도 그들의 마음을 주님께 드리고 진정한 죄 의식으로 고민하다가 결국 완전히 회개하게 되었다. 군목은 막사의 책임자를 찾아갔는데, 그 책임자 역시 앞서 기독교인이 된 사람이었다.

"우리는 주님께서 왕 씨와 서 공모자를 구원하셨다고 믿습니다. 그들에게 기회를 주십시오. 그들이 자신들의 마음이 변했다는 것을 증명할 수 있게 해 주십시오. 하나님이 그들을 용서하셨다면 당신도 용서해 줄 수 있습니다. 그들을 한동안 지켜보시기 바랍니다. 미군 당국에는 보고하지 말아 주십시오."

왕 씨의 변화는 곧 뚜렷하기 나타났다. "누구든지 그리스도 안에 있으면 새로운 피조물이라"(고후 5:17).

중공군 장교 막사 전체가 심하게 동요하기 시작했다. 어느 날 공산주의 훈련을 받은 70여 명의 장교들이 군목을 찾아왔다. 그들의 대변인이 이렇게 말하는 것이었다.

"왕 동지에게 일어난 일을 우리 눈으로 똑똑히 목격했습니다. 우리가 예전에는 기독교가 뭔지 몰랐습니다. 그러나 지금은 우리가 분명히 보았습니다. 이런 일은 오직 하나님만 하실 수 있다는 것을 압니다. 이것이 기독교라면 우리도 기독교인이 되고 싶습니다!"

얼마 후 84명의 중공군 장교들이 한자리에서 사진을 찍었다.

"이 사진을 공산주의자들에게 보내십시오. 우리가 누군지를 보게 해 주십시오. 그들에게 우리가 기독교인이 되었고 그것을 부끄러워하지 않는다고 말해 주십시오. 이것이 우리가 공산주의를 버리고 그리스도를 받아들인 증거입니다.”

왕 씨는 영창에서 풀려났을 뿐 아니라 중공군 장교들의 추천으로 막사에서의 지도력도 회복했다. 그는 예배시간에 가장 열렬한 조력자가 되었다. 날마다 그는 자신이 새로운 피조물임을 증명했다. 매주 사로운 사람들을 모임으로 전도했다. 군목을 만날 때마다 그의 얼굴은 기쁨으로 빛났다.

“당신은 저의 목숨뿐만 아니라 제 영혼도 구원하셨습니다!”

훗날 그는 여러 명 가운데 선발되어 일본으로 보내져서 특별 교육을 받았다.

그러므로 “주께서 구원받는 사람을 날마다 더하게 하셨다”(행 2:47). 중국인들이 제주도로 이송된 이후 두 수용소가 함께 드리는 연합예배에 참석한 인원이 종종 1만 6천 명에 이르렀다! 그 가운데 1만 4천 명 이상이 성경공부 강좌에도 등록했다. 이들 대부분은 복음을 들어본 일이 없는 사람들이었다. 만약 스탈린이 중공군을 한국으로 보내 준비된 선교사들과 만나게 하지 않았더라면, 그 가운데 삼분의 일은 복음을 결코 들을 수 없었을 테고, 다른 삼분의 일은 예수의 이름조차 들어보지 못했을 것이다!

공산주의를 버려서 타이완으로 보내진 전쟁포로 1만 4천 명 중에 1만 3천 500명 이상이 개신교 기독교인이 되겠다는 희망을 피력했다. 일부 기독교인들은 그들의 가족 때문에 중국으로 돌아가기로 결정했다.

공산주의에 대한 "설명"을 들은 후 그들이 "자유의 마을"에서 해방되었을 때, 많은 장교들과 유명인사, 미국인, 한국인, 중국인들이 그곳 정문 앞에 서서 그들을 공식적으로 환영했다. 적지 않은 중국인들이 그 환영행사를 위해 타이완에서 그 먼 길을 왔다. 그리고 그들이 사랑하는 군목도 거기에 있었다. 한 전쟁 특파원의 말을 빌리자면, "우드베리 군목은 그 쇼의 진정한 영웅이었다." 중국인들은 계급을 막론하고 군목에게 우르르 달려와서 기쁨으로 외쳤다.

"로 뮤슈! 로 뮤슈!"('연로한 목사님'이란 뜻)

9

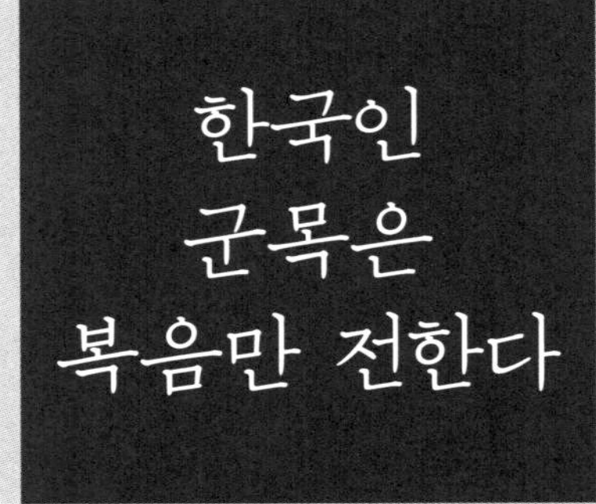

*The Christ of the
Korean heart*

전쟁터에서는 한 부대가 전투를 벌일 준비를 할 때 군목이 기도로 그들을 인도한다. 부상을 당했거나 죽어가는 군인이 실려 오면 군목이 그들 곁에 무릎을 꿇고 그들을 위해 하나님께 전심으로 기도한다. 만약 부상이 심하지 않다면 군목이 한 걸음 더 나아가 하나님이 예수님의 피로 믿음을 통해 주시는 구원의 선물을 최대한 간단명료하게 전한다.

"여러분이 왜 사역을 하려고 하는지를 말하지 마십시오. 그들에게 왜 여러분이 예수님을 믿는지를 말해 주세요!"

한국인 군목이 한국을 방문한 어느 미국 신학교 찬양단에게 부탁한 말이다. 찬양단은 임시변통으로 만든 대구의 병원을 방문해 치료 중인 이천여 명의 한국인 군인들에게 찬송을 들려줄 예정이었다.

그 군목이 이 행사를 주관하고 있었다. 예전에 대구 대학의 강당으로 썼던 장소에 40cm 크기의 한글로 쓴 성경구절들을 붙여 놓았고, 강단 뒤 중앙에는 샐만이 그린 예수의 대형 초상화를 걸어 놓았다. 군목은 묵상기도를 요청했다. 2천 명이 일제히 고개를 숙였다. 그들 중 전쟁 전에 기독교인이었던 사람은 극소수였다. 묵상과 정연함 뒤에 귀에 들리는 기도가 이어졌다. 널찍한 종이에 쓰인 찬송가의 가사가 단상 위에 내걸렸다. 이미 배운 찬송가들이라 화음이 완벽하진 않아도 모두 열정적으로 참여했다.

"왜 미국의 군인 병원에서는 이렇게 잘해 낼 수 없는가!" 하고 한 신학생이 경탄하며 말했다. "이 군목들은 정말로 임무를 잘 수행하고 있지 않는가?"

대한민국 군대의 군목단은 치열한 전시 중에 탄생했다. 소위 선교지에서 만든 최초의 공식적인 군목단일 것이다.

한국 군사고문단 소속 미군 장교들은 그 계획에 반대했었다. "여기는 기독교 국가가 아닙니다. 왜 기독교 군목들이 필요한가요?"

그러나 이반 베네트 군목―극동사령부 맥아더 장군의 참모이자 군종감이었고 훗날 미 육군 군종감이 된 목사―은 군대에도 목사가 필요하다고 생각했다. 그는 민간인 목사 두 명―선교사 출신으로서 개신교 목사와 로마 가톨릭 사제―에게 한국 군대에 군목 제도를 세우도록 지시했다.

37명의 안수받은 목사와 사제들이 한 달간의 특별훈련을 받은 후 1951년 이른 봄, 최초의 군종 목회자로 임명을 받았다. 그 숫자가 지금은 육군에서 300명, 해군에서 29명, 공군에서 13명으로 늘어났다. 그뿐만 아니라 안수를 받지 않은 전도사 26명이 모자에 십자가를 달고 퇴역군인 병원에서 일하고 있었다. 육군에서 사역하는 300명 중 35명은 가톨릭 사제이고 265명은 개신교 목사이다. 이들은 63가의 채플 건물을 세웠다. 하지만 대부분의 예배는 737개의 천막 채플과 48개의 임대 건물에서 드려지고 있다. 대규모의 육군 본부가 위치한 제주도에는 3천 명이 앉을 수 있는 초대형 석조 채플이 세워졌다. 매주 일요일마다 신도들로 꽉꽉 들어찬다. 여기에 줄줄이 들어오는 대다수 신병들은 평생 처음 복음을 접하는 사람들이다.

이 군종사역자들은 그들의 임무에 충실했다. 그들은 죽어가는 이들에게 살아계신 그리스도를 전파하는 일이 자신들의 임무임을 분명히 알고 있었다. 그들은 치열한 교전 중인 최전선에 있기도 했다. 일부는 임무를 수행하다가 죽었다. 그들은 요새화된 휴전선을 따라 분대에서 분대로 다니며 활동했고, 신병 훈련소와 장교 훈련학교, 그리고 군병원에서도 사역했다.

일본 식민지 시기에는 모든 행사가 불교식으로 진행되었으나 지금은 기독교식이다. 별도의 요청이 없으면 장례식도 기독교식으로 치른다. 징병된 새로운 청년들이 모병소로 들어오면 그들은 한곳에 집결하여 군목의 말을 듣는다.

단순한 메시지의 힘

총알이 날아다니는 전쟁터에서는 한 부대가 전투를 벌일 준비를 할 때 군목이 기도로 그들을 인도한다. 부상을 당했거나 죽어가는 군인이 실려 오면 군목이 그들 곁에 무릎을 꿇고 그들을 위해 하나님께 전심으로 기도한다. 만약 부상이 심하지 않다면 군목이 한 걸음 더 나아가 하나님이 예수님의 피로 믿음을 통해 주시는 구원의 선물을 최대한 간단명료하게 전한다. 단지 시편 23편을 읽는 데 그치지 않는다. 진부한 성구를 경건하게 낭독하지도 않는다. 사정을 봐 주는 일도 없다. 그 메시지는 온전한 구원과 값없는 구원이었다. 무엇으로부터의 구원과 무엇을 향한 구원이었다. 은근한 말투도 없고 지나치게 망설이는 것도 없다.

죄의 삯. 하나님의 값없는 선물.
하나님의 독생자.
십자가와 보혈.
천국과 지옥.

그리고 그런 메시지에 대한 반응은 참으로 놀라웠다! 한국군의 20%가 예수님을 그들의 구원자이자 주님으로 믿음을 고백했다. 다시 말하면, 군목들이 하나님께 인도한 군인이 10만 명도 넘었다. 그들은 열심히 교회에 다니고 성경을 읽고 매일 기도하는 적극적인 기독교인들이다. 한국의 인구 중에 기독교인이 3% 미만이며, 그나마 셋에 둘은 여성임을 감안하면 주목할 만한 현상이다. 종종 군인의 절반이 일요일 예배에 참석하곤 한다. 이는 미국과 정반대라고 말하지 않을 수 없다. 미국은 인구의 50%가 기독교인이지만 예배에 참석하는 군인은 고작 3%밖에 되지 않으니 말이다.

내가 진해에 있는 '한국의 웨스트포인트'라 불리는 육군사관학교에서 설교를 해 달라고 초빙받은 것은 큰 특권이었다. 전체 400여 명의 사관생도 중 거의 300명이 예배에 참석했다. 몇 주 후 나는 육군사관학교에서 장교 한 명을 다시 만난 적이 있다. 신실한 신자였던 그는 "이제 그들이 성경공부반을 개설해서 나에게 가르쳐 달라고 요청했습니다. 참석자는 180명이나 됩니다"라고 말했다. 그들은 머지않아 한국군 고급 간부로 성장할 것이다. 나는 또한 육군경리대학과 육군정보훈련학교로부터도 강사로 초빙을 받았다. 집회는 성황을 이루었다. 집회 때마다 군목은 나에게 간곡하게 부탁했다.

"꼭 복음을 전하십시오. 사람들이 예수님을 구원자로 영접하는 믿음의 결단을 내릴 수 있도록 인도해 주십시오."

편견을 극복하다

군목들은 스스로 길을 개척해야 했다. 첫 출발 자체가 매우 힘겨웠다. 군대 사역은 완전히 새로운 일이었다. 논밭에서 일하던 수십만 명의 젊은이들에게는 군대생활 자체가 무척 생소했다. 군목과 종교 역시 낯설기는 마찬가지였다. 그들 대다수는 설교자를 만난 적이 전혀 없었다. 아마 절반 정도는 "예수교"라는 말을 들어는 봤을 것이다. 하지만 이 말의 뜻을 이해하는 사람은 거의 없었다. 설교자는 어떤 사람이며 무엇을 하는 사람인지 전혀 모르고 있었다.

일본 군대에서 훈련받은 많은 고위 장교들은 이 새로운 제도에 의심과 불신의 눈초리를 보냈다. 물론 그들 중에 몇몇 기독교인들은 군목을 열렬히 환영했다. 반면에 비협조적일 뿐만 아니라 실제로 반대했던 사람들도 있었다. 그들은 군목이 가는 길에 걸림돌을 되었다. 차량 제공과 막사가 거절되기 일쑤였다. 그러나 한국인은 뜻하지 않게 만난 일을 잘 처리하는 민족이라 어려움에서 벗어날 길을 항상 찾아냈다.

군종사역자들은 그들의 길을 천천히 인내하며 개척해 나갔다. 그들의 근면함과 열정, 선행과 열매들이 조용히 편견을 극복했다. 무엇보다도 군목들의 존재와 활동이 군인들의 사기에 긍정적인 영향을 미친다는 사실기 분명해졌다.

이제 군목들은 환영을 받을 뿐만 아니라 초빙 요청을 받기에 이르렀다. "우리에게 군목을 꼭 보내 주십시오!"

'작은 웨스트포인트'의 교장(소장)이 나에게 이렇게 말했다.

"군목들의 활약이 대단합니다. 모든 생도가 기독교인이 되었으면 좋겠습니다."

나는 한국 군목위원회 의장으로서 육군 참모총장인 정일권 대장을 만난 적이 있다. 그때 그는 열정적으로 나에게 이렇게 부탁했다. "군목단을 위해 최선의 노력을 해 주십시오. 군목들은 우리에게 정말로 필요합니다."

휴전 기간은 집중적으로 성경을 공부하기에 안성맞춤이다. 물론 휴전 상태라고 해서 군인들이 한가한 것은 아니다. 날마다 많은 프로젝트가 진행된다. 그러나 저녁은 군목이 활용할 수 있는 시간이다. 한국 군대에는 따로 마련된 특별집회가 거의 없다. 밥 호프나 마릴린 먼로가 등장하는 연예 프로그램도 없다. 영화 상영조차 흔치 않았다.

누군가는 이것을 '한국군 군목들에게 주어진 불공평한 특권'이라 말할 것이다. 이는 관점의 문제이다. 사실상 하나님과 이 땅의 장래를 위한 소중한 기회가 아닐까?

군정위원회(한국 야전군 본부에 배속된 작은 미군 부대) 소속 미군 소령으로부터 한 통의 편지가 날아왔다. 그들은 너무 동떨어져 있어서 자체 군목이 없다고 했다. 그래서 한국어 예배에 합류하기로 했다. 베넷 군목은 전쟁 초창기에 유엔군 찬송가를 출판했었다. 왼쪽 면은 영어로 오른쪽 면은 한국어로 쓰인 영한 대조판이었다. 하나님은 양쪽 언어를 다 이해하신다. 매주 그 소령은 한국인 군목과 함께 영어로 자료를 준비한다. 소수의 미국인을 위해 설교문을 요약해 예배 순서지 뒷면에 등사판으로 인쇄하여 실었다. 소령과 미군들은 한국인 군목의 설교 내용을 전혀 알아듣지 못했지만 한국군들의 얼굴에 나타나는 반응과 군목의 열정을 보면서 큰 은혜를 받았다고 간증한다.

타종교의 군종사역자에 대한 문제가 여러 번 제기되었다. 이 문제는 군인들이나 불교 당국에서 제기하는 것이 아니다. 보통은 공평을 추구하는 미군 장교들이나 불교 집안 출신으로서 딴속셈을 품고 있는 한국 정치인들이 제기한다. 규정에는 타종교인이 군목단에 들어가는 것을 막는 조항이 없다. 잘못된 인상을 주지 않기 위해 이름까지 변경했다. 그런데 문제는 타종교들은 전파할 만한 메시지가 없다는 사실이다. 유교는 단지 위대한 위인들의 넋을 기리는 공식적인 제사와 집안 조상을 경배하는 가족제사 정도이다. 불교는 속세에서 벗어나 산 속의 절에서 은둔하는 종교이다. 공중에게 제공하는 사역이 있다면 탁발승이 집집마다 돌면서 경문을 읊고 시주를 받는 것이다.

1946년 해방 이후 한국 형무소 당국은 형목 제도를 도입하기로 결정했다. 여러 종교의 대표자들을 서울 서대문 형무소로 초청해 수감자들에게 메시지를 전달하도록 했다. 500명의 수감자들이 투표를 했다. 불교가 5표, 천주교가 4표, 그리고 개신교가 491표를 획득했다. 그때 이후로 모든 형무소 사역자는 개신교 기독교인이다.

민간인 선교 활동에서 전쟁 포로를 위한 사역으로 전환한 위대한 군목 헤럴드 보켈(Harold Voelkel)이 수용소에서 만난 임한성 목사와 이야기를 나누고 있다.

이러한 헌신적인 사역자들이 암울한 형무소의 회색 울타리 뒤에서 하나님을 위해 놀라운 사역을 해 오고 있다. 살인자들과 완고한 범죄자들이 완전히 변화되었다는 기적 같은 이야기가 이따금 철창 밖으로 솔솔 흘러나온다. 하지만 형목들의 신실한 사역 대부분은 오직 하나님만 알고 계신다.

10

the Christ of the
Korean heart

주님이 제자들에게 가르쳐 주신 주기도문에는 기적적인 응답을 간구하는 요소가 하나도 없다. "우리에게 일용한 양식을 주옵시고, 우리의 죄를 사하여 주옵시고, 우리를 시험에 들게 하지 하옵시며, 우리를 다만 악에서 구하옵소서." 단 하나도 없다. 단, "아버지의 뜻이 하늘에서 이루어진 것같이 땅에서도 이루어지게 하소서"란 간구는 모든 기적 중의 기적이다!

빌리 그래함 목사는 영국에서의 전도대회를 착수하기 전에 특별히 한국 기독교인의 기도에 관해 물었다. 일 년 전 한국을 방문했을 때 한국인들이 기도하는 모습을 목격했던 그는 그들이 기도하는 법을 알고 있다고 생각했고, 그들이 정말로 기도한다는 것을 알았다. 그런 기도가 효력이 있을 것임을 알았기 때문에 그는 한국인의 기도를 부러워했다.

오래된 금언을 빌리자면, "근대는 포복으로 전진하지만 교회는 무릎으로 나아가야 한다." 한국교회의 눈부신 성장 배후에는 기도생활이 있다. 한국교회가 많은 흠을 갖고 있을지 몰라도 '무릎을 꿇은 교회'라는 말만은 진실이다.

한국전의 발발 시점부터 사실상 모든 교회에서 새벽마다 기도회가 열려 왔다. 성도들은

빌리 그래함의 눈을 번쩍 뜨게 한 기도하는 모습

어둠을 뚫고 교회에 와서 주님께 그들의 영혼을 쏟아놓으며 고통 받는 나라와 위험에 처한 교회를 위해 기도했다.

빌리 그래함이 1952년 12월 서울을 방문했을 때, 그는 그의 동료인 밥 피어스로부터 매일 드리는 새벽기도회에 대해 들었다. 빌리 그래함이 물었다.

"당신 말이 모두 사실은 아니겠지요? 오늘 우리가 본 건축 중인 그 교회는 분명히 아니겠지요?!"

피어스가 그래함 목사에게 도전했다.

"내일 아침 4시30분에 일어나서 직접 확인해 보십시오."

그래함은 그 도전을 받아들였고, 추운 겨울날 두 사람은 아침 일찍 일어나 어둠 속에서 그 교회를 찾아갔다. 뼈대만 앙상히 남은 건물 안에 사람들이 모여 있었다. 머리를 가릴 지붕도, 바람을 막을 벽도 없는 곳에서 사람들은 각자 들고 온 장작나무 쪼가리를 언 땅 위에 놓고 앉아 있었다. 참석자는 무려 198명이나 되었다. 이 모습은 경험 많은 복음전도자들을 겸허히 고개 숙이게 만들었다.

훗날 밥 피어스는 미국 전역을 순회하며 이렇게 외쳤다.

"세계에서 개신교 교회의 종소리를 듣고 천주교도가 깨는 곳은 한국밖에 없습니다."

미국교회는 주중 기도회조차 포기하고 있지만 한국교회는 매일 새벽기도회를 연다! 노회의 150개 소속 교회들이 삼일에 걸친 회의를 하는 동안 매일 새벽어둠을 뚫고 다 함께 모여서 기도하는 장면을 상상해 보라! 2천 명의 설교자들이 새벽기도회로 모여 자신의 죄를 고백하고 용서를 간구하는 이 기적을 상상해 보라!

한국인이 기도할 때는 몇몇 형제들이 용기를 내어 먼저 기도하기 때문에 길고 지루한 침묵은 찾아볼 수 없다. 한 사람씩 빠르게 기도가 이어진다. 간혹 난처한 상황이 있다면 두 형제가 동시에 기도를 시작했다가 서로 하나님의 '보좌'를 양보하지 않는 경우이다.

여자 성도들도 마찬가지다. 기도할 때는 전혀 부끄러워하지 않는다. 여성도 남성과 똑같이 뜨겁게 간구할 것을 쏟아 놓는다. 오랜 세월 '더 약한 성(여성)'이 억압을 받아 왔던 땅에서, 이 믿는 여성들이 공공연한 모임에서 아무 거리낌 없이 공적으로 기도하는 모습을 목격하는 일은 참으로 놀라운 경험이다. 이는 진보된 서양의 여성들을 오히려 머쓱하게 만들 정도다.

한국인의 기도생활

훈련받은 목사들은 공동기도를 인도하는 일을 독점하지 않는다. 공식적인 일요일 아침예배에서 목사가 아닌 장로나 집사가 대표기도를 드리는 것이 거의 보편적인 관행이다. 그리고 봉헌기도도 헌금을 걷은 남자집사나 여자집사가 강단 앞에서 헌금 바구니를 들고 드리곤 한다. 이런 기도는 수평적이 아니라 수직적인 기도임을 확신해도 좋다!

한국어는 높은 어조로 탄원할 수 있고 부드럽게 흐르는 말투로 인해 영어보다 기도하기에 더 적합한 언어인 듯하다. 적어도 말하다가 중간에 멈추는 경우는 없다. 기도가 흐느낌과 울음으로 끊기는 경우는 있어도 "에…"와 "음…"으로 단절되는 경우는 없다. "쉬지 말고 기도하라"는 말은 한국에서 특별히 설득력이 있다.

기도는 한국 기득교인의 삶 전체에 널리 스며 있다. 그들은 어떤 집이나 사무실을 방문할 때 문에 들어서자마자 잠시 고개를 숙여 조용히 기도를 한다. 그들은 요한복음 3장 16절만큼이나 마태복음 10장 12절("또 그 집에 들어가면서 평안하기를 빌라")도 확실히 받아들인다.

식사기도는 정규적인 식사에만 국한되지 않는다. 차 한 잔,

사과 한 조각 또는 사탕 하나를 먹을 때도 늘 고개를 숙이고 눈을 감는다. '냉수 한 사발'조차도 예수의 이름으로 그저 받는데 그치지 않는다. 그것도 그분으로부터 왔으니 아무리 덥고 목이 말라도 잠시 멈춘 채 감사기도를 드리게 되는 것이다!

그런데 한국인의 기도생활이 당혹감을 안겨 줄 때도 있다. 예를 들어, 성찬식에서 떡과 잔을 나눌 때 한 사람씩 돌아가며 짧은 기도를 드리는 바람에 시간이 지체되는 경우이다. 중요한 행사 때에는 식사기도가 5분이나 걸릴 수 있는데, 그런 경우에는 손님들이 참을성을 발휘해야 하고 국은 다 식어 버린다!

1953년 6월 이승만 대통령이 2만 7천 명의 전쟁포로를 석방한 것이 많은 미국인들, 특히 자고 있던 헌병들에게 충격을 주었으나 한국인들에게는 기도의 직접적인 응답이었다. 역사상 전례가 없는 사건이었다. 나는 전쟁 이전부터 이북에서 알았던 기독교인 전쟁포로들에게서 그들이 금식과 기도의 날을 정하고 석방을 위해 기도했다고 들었다. 그들은 당시에 진행 중이던 계획에 대해 전혀 모르는 상태였다. 그들이 곧 중립국 위원회로 넘겨질 것은 알고 있었다. 그런데 그 위원회의 다섯 위원 중 두 명은 확실한 공산주의자였고, 다른 한 명은 공산주의자 성향이 있는 사람이었다. 포로들은 공산주의자의 이중성과 간사함을 뻔히 알고 있었기에 미국인이 그들에게 쉽게 기만당할 것이라고 생각했다. 그들이 만약 공산당 우두머리들에 넘겨지면 모든 희망이 물거품처럼 사라질 것임을 알고 있었다. 그들은 가장 높으신 하나님께 매달려야 했다. 그리고 마침내, 새벽기도회에서 드린 기도에 의해 사태가 잘 풀렸던 것이다.

나의 동료인 로버트 라이스는 이렇게 말한다.

"어느 날 아침 내가 한 장로에게 기도를 부탁했네. 그 장로는 '주여' 하고 시작하더니 '우리는 먹을 양식이 별로 없습니다. 입을 옷도 별로 없습니다. 우리는 집을 소유할 능력도 없습니다…'라고 기도하더군. 나는 이런 기도가 마음에 걸리기 시작하더라고. 그의 기도 내용이 사실이긴 해도 스스로를 가련하게 느낀다고 생각했거든. 그런데 곧 그는 '우리는 …이 없습니다'란 대목에서 벗어나 '우리는 …이 있습니다'로 내용을 바꾸더군. 그래서 내 영혼이 기운을 내어 주님을 기뻐하게 되었다네. '그러나 주여! 우리는 성령이 있습니다!' 나는 이보다 더 그리스도를 닮은 기도를 들어본 적이 없네. 이 장로는 자신이 아는 모든 적과 심지어 스탈린을 위해서도 기도했다네. 그 기도 속에서 나는 박해와 순교의 오랜 세월을 따라 울려 퍼지는 예수님의 음성을 들을 수 있었다네. '너희 원수를 사랑하며 너희를 미워하는 자를 선대하며, 너희를 저주하는 자를 위하여 축복하며 너희를 모욕하는 자를 위하여 기도하라'(눅 6:27-28). 차디찬 맨 바닥에 얼굴을 맞댄 그 한국인은 우리가 말하는 생필품이 전혀 없었지만 그는 부활을 알았고 예수 그리스도와 함께 천상에서 살고 있었다네."

응답받은 기도

한국교회의 가장 놀라운 특징 중 하나는 회중이 다 함께 드리는 기도이다. 이것은 수백 명, 아니 수천 명이 한꺼번에 각자의 방언으로 동시에 드리는 통성기도를 말한다. 이러한 광경을 처음 접하는 서양인에게는 혼란스러워 보일 수 있다. 특히 한국어를 전혀 이해하지 못한다면 더욱 그럴 만하다. 그러나 그 속에서 그 기도를 직접 경험하면 놀라운 마음의 통일성이 있음을 확신하게 된다! 정신이 오락가락하는 것도, 두서없는 소리도 아니라는 것을 확신할 수 있다. 기도하는 사람의 얼굴은 하나같이 감흥으로 충만해 있다. 어떤 이들은 하늘을 우러러보고, 어떤 이들은 마룻바닥 위에서 팔로 머리를 감싸고 있다. 하지만 모든 사람의 얼굴이 하나님의 놀라운 얼굴에서 흘러나오는 빛을 받아 환하게 빛난다.

어느 날 새벽기도회가 끝날 즈음 주위를 둘러보니, 천 명도 넘는 성도들이 일제히 꿇어 엎드려 감사하고, 찬양하고, 탄원하고, 간구하고 있었다. 몇 사람은 조용히 기도하고, 몇 사람은 강한 소리로 기도하고, 몇 사람은 크게 외치고, 몇 사람은 바닥을 치며 기도했다. 그 순간 내 마음속에 이 말씀이 떠올랐다. "이것은 큰 바다와 같은 구속받은 군대이다…."

그들의 기도는 응답받았는가? 물론이다. 하나도 빠짐없이. 하지만 모두 긍정적인 응답을 받은 것은 아니다. 그들이 요청한 대로 다 된 것은 아니다. "이는 내 생각이 너희의 생각과 다르며 내 길은 너희의 길과 다름이니라 여호와의 말씀이니라"(사 55:8).

매일 응답을 받는다. 항상 기적을 체험하는 것은 아니고 자주 그렇지도 않다. 그럼에도 불구하고 응답을 받는다! 주님이 제자들에게 가르쳐 주신 주기도문에는 기적적인 응답을 간구하는 요소가 하나도 없다. "우리에게 일용한 양식을 주옵시고, 우리의 죄를 사하여 주옵시고, 우리를 시험에 들게 하지 하옵시며, 우리를 다만 악에서 구하옵소서." 단 하나도 없다. 단, "아버지의 뜻이 하늘에서 이루어진 것같이 땅에서도 이루어지게 하소서"란 간구는 모든 기적 중의 기적이다!

응답을 받았다. 축복도 받았다. 은혜가 넘쳤다. 힘을 회복했다. 지혜가 허락되었다. 믿음이 커졌다. 죄 사함을 받았다. 마음이 정결해졌다. 인도를 받았다. 생필품이 공급되었다. 염려가 사라졌다. 난관이 극복되었다. 유혹에서 벗어났다. 영혼이 구원되었다. 죄인이 회복되었다. 깨달음을 얻었다. 성령이 부어졌다. 하나님의 이름이 찬양을 받았다!

그리고 기적도 일어났다. "너희 가운데 아픈 사람이 있는가? 그들로 기도하게 하라. 그러면 주님이 그를 일으킬 것이다." 한국 기독교인에게 병자를 위한 기도는 무척 자연스럽다. 미국인은 기적으로 생각하지 않는 치유를 그들은 하나님의 행위로 받아들이는 만큼 "그것은 우리가 보기에 기적인 것이다." 그리고 믿음으로밖에는 설명할 수 없는 치유도 많이 일어났다. 한국인들은 주님의 뜻이면 주님이 병자를 낫게 하신다는 것을 알고 있다. 그리고 이런 믿음만 있으면 된다.

어느 시골 마을에 와서 귀신들린 여인을 위해 기도해 달라는 부탁을 받은 적이 있다. 6개월 후 그 마을을 다시 방문해 그 여인에 대해 묻자, "물론이죠, 주님이 낫게 해 주셨어요"라는 단순한 대답을 들었다.

유명한 복음전도자인 김익두는 한반도 전역에서 부흥집회를 통해 30년간 하나님의 쓰임을 크게 받았다. 그는 날마다 새벽 기도회가 끝난 직후를 병자를 위한 기도시간으로 따로 정해 놓았다. 그는 신비한 능력이나 특별한 치유의 은사가 있다고 주장한 적이 없다. 단지 하나님께 은총을 베풀어 달라고 기도했을 뿐이다. 방문하는 곳마다 놀라운 치유의 기적이 일어났다. 소문이 퍼지자 수많은 사람이 몰려왔는데, 그중에는 절름발이와 말 못하는 자와 앞 못 보는 자도 있었다. 호기심이 많은 사람들과 무질서한 자들도 왔다. 그는 이런 치유 행위가 영혼 구원을 위한 복음전파에 방해가 된다는 것을 깨달았다. 그래서 공개적인 장소에서는 치유 행위를 하지 않고, 지극히 사적인 자리에서만 하기로 결심했다.

그리고 주님이 일본의 막강한 힘에서 한국이 구출되도록 허락하신 것도 크나큰 기적이 아니겠는가? 35년 동안 수많은 기도가 하늘보좌로 상달되었다. 일본은 매우 힘센 강대국으로 보였고, 한국은 실로 무력했다. 어느 나라도 한국을 돕는 데 관심이 없어 보였다. 일본인은 기독교인들을 난관에 봉착하게 만들었다. 갈수록 상황이 악화되어 마침내 일본의 태양신이 첫 번째 신이 되고 여호와는 두 번째 신이라는 것이 명백해졌다. 체포, 감금, 구타, 고문이 이어졌고… 기도가 있었다.

갑자기 일본이 미국을 공격했다. 필리핀이 정복되었고, 남태평양의 많은 섬들이 점령됐다. 알래스카가 침략을 받았다. 곧 "평화가 백악관에 도래할 것이다"라고 공언했다. 그러나 교회는 기도했다.

그러더니 갑작스럽게 끝났다. 패배, 철수. 그토록 깊이 정착했던, 앞으로 수백 년 동안의 완전한 권력을 자랑했던 일본인들이 하룻밤 사이에 사라졌다. 이것은 기적이 아니면 무엇인가?

지금은 북쪽에 있는 더 큰 대적의 손아귀에서 구출해 달라는 기도가 어느 때보다 더 뜨겁게 드려지고 있다. 이들은 하나님을 대적하고 부인하는 적이다. 무자비하고 도덕의식이 전혀 없는 적이다. 이 땅이 갈라지고, 파괴되고, 유린당했다. UN은 현재 교착상태에 빠졌다. 그러나 교회는 기도했다.

4년 동안 크고 작은 모든 교회에서 새벽마다 하나님께 부르짖고 있다. "오 주여, 당신은 아시오니… 허락하옵소서, 오 주여, 간구합니다."

하나님께서 들으실까? 물론이다! 기적을 베푸실까? 물론이다! 그러나 그분의 때에, 그분의 방식으로, 그분의 영광을 위해 그렇게 하실 것이다.

11

세상의 찌꺼기

The Christ of the Korean heart

얼마 전에 나는 이런 질문을 받았다. "한국에서 어린이 전도를 위해 진행되고 있는 일이 있습니까? 무엇입니까?" 나는 하나님을 갈망하는 수많은 얼굴들을 바라보았다. 예수 그리스도의 얼굴에 있는 하나님의 영광을 아는 지식의 빛이 비친 마음을 반영하는 그 얼굴들을 바라보면서, "이것이 바로 대답이다!"라고 말할 수 있었다.

서문교회로 몰려온 아이들은 얼기설기 기워 맞춘 다 헤진 구호
품 옷을 걸치고 있었다. 영락없는 거지 행색이었다. '거지 군상',
'인간 잡동사니', '뒷골목 부랑아', '인간 쓰레기'란 표현이 어색하
지 않았다. (하지만 유심히 살펴보면 얼굴과 손이 모두 깨끗했고 쓰
는 말 또한 정갈했다.)

수백 명의 아이들이 진흙탕 골목길을 굽이굽이 따라가서 대
문을 지나 가파른 계단을 오르더니 큰 교회로 발을 들여놓는
다. 그들은 가마니를 깐 바닥 위에 정숙하게 정렬해서 앉아 하
나같이 고개를 숙이고 눈을 감고 짧은 기도를 드린다.

눈 깜빡할 사이에 교회는 남루하고 볼품이 없으나 질서 정연
한 아이들 3천 명으로 가득 찼다. 너무나 초라한 몰골로 고요
히 앉아 천사처럼 처신하는 아이들을 목격하는 일은 경이롭기
까지 했다.

인도자가 개회 찬송가를 알려 주자 잘 훈련된 열 명의 소녀들
이 단상에 올라왔고, 지휘자는 연필을 들고 지휘했다.

예수께서 오실 때에

When He cometh, when He cometh

그 귀중한 보바

To make up His jewels,

하나라도 남김없이

All His jewels, precious jewels,

다 찾으시리

His loved and His own.

샛별 같은 그 토배

Like the stars of the morning,

면류관에 달려

His bright crown adroning,

반짝반짝 빛나게

They shall shine in their beauty,

비치리로다

Bright gems for His crown.

아이들의 합창을 듣고 있자니 예전부터 알고 있던 화학교사
의 일화가 떠올랐다. 그 교사는 학생들에게 세상에서 가장 더러

운 흙을 찾아오라고 했다. 아이들은 도시의 공장 지역을 가로지르는 더러운 개천 곁에 있는 흙 찌꺼기를 가져왔다. 아이들이 가져온 것을 받아든 교사는 이렇게 말했다.

"이 흙은 크게 다섯 가지 성분으로 이루어졌단다. 진흙, 모래, 검댕이, 부패된 유기물과 물. 우리는 이것을 '흙'이라고 부르지. 이것으로 사람은 할 수 있는 게 별로 없지만 하나님은 아름다운 것을 만드실 수 있단다. 진흙으로 그분은 사파이어와 루비를, 모래로 오팔과 마노를, 검댕이로 다이아몬드를, 유기물로 장미꽃을, 물로 아름다운 눈을 만드실 수 있지. 사람은 그렇게 할 수 없지만 하나님은 하실 수 있단다."

그렇다. 하나님은 더러운 찌꺼기에서 보석을 만드실 수 있다. 그리고 나는 내 눈앞에서 하나님이 변화를 일으키고 계시는 모습을 보고 있는 중이다.

누더기를 입은 이 아이들은 극빈층 가정 출신이다. 이들은 강둑을 따라 줄줄이 늘어섰거나 공장과 창고에 기대어 빽빽하게 들어선 판자 쪼가리와 골판지, 낡은 맥주 깡통으로 만든 단칸방에 살고 있다.

이 아이들 중 다수는 모든 것을 잃고 북한에서 내려온 피난민들이었다. 그들의 부모는 공립학교의 입학금과 등록금을 감당하기 어려워 자녀를 학교에 보낼 수 없었다. 생계를 유지하느라 바빠서 자녀들에게 신경을 쓸 여유조차 없었다. 이런 경우, 보통은 아이들이 패거리를 만들어 거리를 쏘다니며 물건을 훔치거나 다른 나쁜 짓을 하기 쉬웠다. 그런데 이곳 교회에 모인 아이들은 찬양을 한다.

주를 사랑하는 아이

Little children, little children

이 세상에 살 때

Who love their Redeemer,

주의 말씀 순종하면

Are the Jewels, precious jewels,

참 보배로다

성경구락부 설립

대구시와 근교의 성경구락부 연합회는 수양회와 졸업 연습을 위해 모임을 갖고 있었다. 찬송이 끝나자 인도자는 기도를 요청했다. 주저 없이 한 굵직한 목소리에 이어 다른 아이로부터 뜨거운 감사와 간구의 기도가 터져 나왔다. 이 얼마나 놀라운 기도인가! 이들 중 일부는 여덟 살에서 열 살밖에 되지 않았다. 대충 드리는 기도가 아니었다. 아이들은 전심으로 그들의 영혼을 주님께 쏟아 놓았다.

기도 후 성경낭독과 다른 프로그램으로 이어졌고 다 함께 집회 표어를 복창했다.

"예수는 그 지혜와 그 키가 자라가며 하나님과 사람에게 더 사랑스러워 가시더라."

한국 최초의 성경구락부는 25년 전 프랜시스 킨슬러(Francis Kinsler)라는 한 장로교 선교사가 평양에서 시작했다. 일제강점기 때 학교가 부족해 배움의 기회를 갖지 못한 아이들을 위해 야간학교를 세우고 가난한 대학생과 신학생들이 교사로 일하며 학비를 벌 수 있게 하자는 취지였다.

그러나 일본 교육당국은 그런 학교를 허락하지 않았다. 학교를 운영하려면 허가를 받아야 했는데, 쉽지 않았다. 시설과 기부금과 자격증을 갖춘 교사에 대한 정부의 모든 규정을 준수할 때에만 교육당국으로부터 허가를 받을 수 있었기 때문이다. 선교사가 물었다.

"우리가 성경을 가르칠 수 있습니까?"

“네, 성경을 가르칠 수 있지만 성경만 가르쳐야 합니다.”

킨슬러 씨는 이에 굴하지 않고 성경을 기본교재로 하는 읽기, 쓰기, 셈하기의 교과과정을 만들었다. 이런 교육기관은 ‘학교’라고 불릴 수 없었기에 기독교식으로 ‘성경구락부’(‘구락부’는 ‘클럽’의 일본식 음역어이다 – 편집자 주)라고 불렸다.

이 세 가지 기본과정 외에 표어에 기초하여 성품 훈련이 추가되었다.

“‘예수는 그 지혜가 자라가고’– 지적, ‘그 키가 자라가며’– 신체적, ‘하나님과’– 영적, ‘사람에게’– 사회적, 더 사랑스러워 가시더라.”

이 성품 훈련에는 성경암송, 성경공부, 예배가 포함되어 있었다. 보이스카우트와 4H 구락부를 닮은 몇 가지 특징이 그 프로그램에 통합되어 그 특유의 맛을 풍기고 단결심을 고취했다.

대학교나 신학교를 다닐 때 성경구락부에서 가르쳤던 교사 수백 명이 지금은 목회사역을 하거나 학교에서 학생들을 가르치고 있다. 그들은 전국 곳곳에서 새로운 구락부를 시작했고, 모임은 교회, 공회당, 고아원 등 장소가 허락되는 곳이면 어디서

든지 열리고 있다. 학비를 마련하려고 가르치는 학생들이 여전히 많긴 하지만 자원봉사자가 가르치는 경우도 적지 않다. 미육군 대한국지원단은 특히 난민촌 지역에서 이런 자립 학교의 건축에 필요한 자재를 공급하그 있다.

대구지역에서 3천 명이 모였다. 서울대회에는 6천 명이 모였다. 이곳저곳의 수천, 수백 명의 학생들을 모두 합치면 6만 8천 명에 이른다. 곳곳에 설립된 이런 구락부가 없으면 이들은 교육을 받지 못했을 것이다. 다시 갈하면, 6만 8천 명의 어린이들이 체계적인 교육을 통해 기독교인다운 성품을 개발시키고 있는 셈이다.

얼마 전에 나는 이런 질문을 받았다.

"한국에서 어린이 전도를 위해 진행되고 있는 일이 있습니까? 무엇입니까?"

나는 하나님을 갈망하는 수많은 얼굴들을 바라보았다. 예수 그리스도의 얼굴에 있는 하나님의 영광을 아는 지식의 빛이 비

어린이 교육은 일제당국에 의해 크게 제한되었다.

친 마음을 반영하는 그 얼굴들을 바라보면서, "이것이 바로 대답이다!"라고 말할 수 있었다.

그렇다. 하나님은 전쟁으로 갈가리 찢기고 황폐해진 이곳 한국 땅에서 다시금 그 옛 작업을 수행하시며 찌꺼기에서 보석을 만들고 계신다.

정한 보배 빛난 보배

He will gather, He will gather

주 예수의 보배

The gems for His kingdom,

하늘나라 두시려고

All the pure ones, all the bright ones,

다 거두시리

His loved and His own.

샛별 같은 그 보배

Like the stars of the morning,

면류관에 달려

His bright crown adroning,

반짝반짝 빛나게

They shall shine in their beauty,

비치리로다

Bright gems for His crown.

12

불가능한
일과
어려운 일

the Christ of the
Korean heart

인간 삶의 바탕에 있는 것이 인간 본성이다. 그래서 성경에서 "무릇 그 마음의 생각이 어떠하면 그의 사람됨도 그러하니"(잠 23:7, 새번역)라고 말하는 것이다. 시계의 두 바늘이 얼마나 잘 맞느냐는 내부 장치의 품질에 달려 있다. 1달러짜리 시계에서 천문학적인 정확성을 기대할 수는 없다. 타락한 인간의 본성은 이 세상이 고장 났다는 것을 뜻한다

불가능한 일은 우리가 즉시 행하고, 어려운 일은 시간이 좀 더 걸릴 것이다! 이렇게 말하면 누군가 반문할 것이 뻔하다. "거꾸로 말한 것 아닙니까? 우리가 먼저 수행하는 것은 어려운 일이고, 불가능한 일은 시간이 더 걸리는 법이죠."

사실이다. 대체로 이런 식으로 일이 진행된다는 것을 나도 안다. 그러나 선교사역에 관한 한 그렇지 않다.

우리가 먼저, 당장 해야 할 일은 불가능한 것이다. 어려운 일은 그다음에 따라와야 한다. 소수의 외국인이 어느 국민의 문화적, 경제적, 위생적인 생활과 습관을 바꾸는 것은 지극히 어려운 일이다. 실은 수백 명의 위생 습관조차 개선하기 어렵다. 그리고 인간의 본성을 바꾸는 일은 불가능하다. 이것은 하나의 심리학적 법칙이다. 옛 선지자는 수천 년 전에 이 진리를 알았기에 이렇게 토로한다. "에티오피아 사람이 자기의 피부 색깔을 바꿀 수 있느냐? 표범이 자기의 반점들을 다르게 바꿀 수 있느냐?"(렘 13:23, 새번역).

이는 여전히 보편적으로 인정되는 사실이다.

그런데 인간 삶의 바탕에 있는 것이 인간 본성이다. 그래서 성경에서 "무릇 그 마음의 생각이 어떠하면 그의 사람됨도 그러하니"(잠 23:7, 새번역)라고 말하는 것이다. 시계의 두 바늘이 얼마나 잘 맞느냐는 내부 장치의 품질에 달려 있다. 1달러짜리 시계에서 천문학적인 정확성을 기대할 수는 없다. 타락한 인간의 본성은 이 세상이 고장 났다는 것을 뜻한다.

우리에게 암시장이 존재하는 것은 우리에게 어두운 마음이 있기 때문이다. 우리에게 구불구불한 골목길이 있는 것은 비뚤어진 생각이 있기 때문이다. 우리에게 고약한 냄새가 나는 도시가 있는 것은 더러운 생각을 하는 마음이 있기 때문이다. 우리에게 전쟁이 있는 것은 정욕이 있기 때문이다.

너희 중에 싸움이 어디로부터 다툼이 어디로부터 나느냐?
너희 지체 중에서 싸우는 정욕으로부터 나는 것이 아니냐?
(약 4:1)

그래서 인간 본성은 반드시 변해야 한다. 그리고 이것은 불가능한 일이다. 사람에게는 불가능하지만 하나님은 무슨 일이든

하실 수 있다.

> 그런즉 누구든지 그리스도 안에 있으면 새로운 피조물이
> 라 이전 것은 지나갔으니 보라 새 것이 되었도다(고후 5:17)

그러므로 불가능한 일은 당장 해야 한다. 내가 아니라 그리스도께서 말이다. "그러므로 자기[예수]를 힘입어 하나님께 나아가는 자들을 온전히 구원하실 수 있으니"(히 7:25).

우리는 그분을 알릴 수 있다. 따라서 그분을 알려야 한다. "복음은 모든 믿는 자에게 구원을 주시는 하나님의 능력이 됨이라"(롬 1:16). 불가능한 일을 이루게 하시는 능력이 우리의 손 안에 있는 것이다!

주제넘는 소리로 들릴지 모르지만 절대 그렇지 않다. 이것은 실로 무서울 만큼 큰 책임이다! "만일 복음을 전하지 아니하면 내게 화가 있을 것이로다"(고전 9:16). 이것은 '긴급'이란 꼬리표가 붙은 책임이다. "보라 지금은 은혜 받을 만한 때요, 보라 지금은 구원의 날이로다"(고후 6:2).

불가능한 일은, 당장 해야 한다. 인간의 본성이 변하고, 사람이 변화되고, 영혼이 거듭난다. 이것이 최우선적인, 가장 중요한

선교사역이다.

기다림이 필요한 일들

어려운 일은 사정이 다르다. 어려운 일은 시간이 좀 더 걸릴 것이다. 우리의 예상보다 조금 더 걸린다는 말이다.

미군들은 선교활동에 대해 의심의 눈초리를 보낸다. 그들의 눈은 지저분한 거리와 넘어질 듯한 집, 꾀죄죄한 아이들을 주목한다. 그들의 귀는 도둑질과 암시장과 뇌물에 관한 이야기에 쏠린다.

어떤 소령이 매우 심각하게 물었다. "당신은 정말로 작은 성과라도 있다고 생각합니까?" 한 대위가 "당신은 아직 수박 겉핥기조차 하지 못했습니다"라고 말했다.

70년 동안 선교활동을 펼쳐 왔지만 아직도 현대식 하수도 시설조차 없다. 이곳은 청결하지 않은 인간들이 역한 냄새를 풍기는 생선과 채소 시장의 좁은 골목길을 쏘다니고, 아직도 남자들이 길가에서 소변을 보는 곳이다. 이런 일들은 이미 너무 오래 걸렸다.

그럼에도 불구하고 불가능한 일이 여전히 우리의 관심을 거의 독차지해야 한다. 70년의 세월과 백만 명의 기독교 공동체. 토착적이고, 자치적이고, 자전적이며, 거의 자양적인 교회이다. 도시에는 크고 아름다운 돌과 벽돌로 지은 교회들이, 소도시에는 양철지붕과 회칠한 벽을 가진 교회들이, 거의 모든 마을에는 초가지붕과 흙벽으로 된 예배 처소들이 있다.

그러나 이것으로 충분하지 않다. 70년 만에 백만 명의 신자가 생긴 것은 대단하다. 그러나 3천만 명에서 백만 명은 겨우 3%밖에 되지 않으니 초라한 성적표다! 전체의 3%가 97%에게 큰 영향을 미칠 것을 기대할 수는 없다. 실제로 기독교인들이 놀라운 영향력을 은근히 발휘하고 있는 것은 사실이다. 정부의 고위 관료와 지식인들 가운데는 기독교인의 비율이 평균보다 훨씬 높은 편이다. 때로는 50%가 넘기도 한다. 그래도 충분한 숫자와는 거리가 멀다. 아직도 미전도 인구가 2천 9백만 명이나 된다. 2천 9백만 명이 하나님 없이, 소망 없이 살아가고 있다는 이야기다.

영혼구원의 과업은 항상 그 어떤 일보다도 선행되어야만 한다. 3%의 인구가 한 국가의 위생 습관이나 도덕적 습관을 바꿀 수 없기 때문만이 아니라 97%가 영원히 길을 잃었기 때문이다. "사람이 만일 온 천하를 얻고도 자기 목숨을 잃으면 무엇이 유익하리요?"(막 8:36).

70년 후에 백만 명의 영혼이 구원을 받았다(또 다른 백만 명이 그 기간 동안 하늘로 불림을 받은 것은 계산에 넣지 않았다). 그런데 한국의 인구가 2천 만에서 3천 만으로 늘었다. 1885년 두 명의 개척 선교사가 서로 손을 잡고 처음 이 땅을 밟았을 때보다 구원받지 못한 사람이 1천 7백만 명이나 늘었음을 유념해야 한다.

그런즉 우리가 불가능한 일을 하는 동안 어려운 일은 좀 더 기다려야 한다. 주 예수 그리스도께서 우리를 통해, 그분이 이미 구속하신 수많은 사람들을 통해 불가능한 일을 하시는 동안에 그래야 한다는 말이다.

끝이 없는 과업이라고? 아마도 이 세대에는 그럴 것이다. 그러나 우리에겐 이 말씀이 있다. "또 각각 자기 나라 사람과 각각 자기 형제를 가르쳐 이르기를 '주를 알라' 하지 아니할 것은 그들이 작은 자로부터 큰 자까지 다 나를 앎이라"(히 8:11).

그 과업은 결국 이루어질 것이다. "주님, 그때가 언제인가요?" "때와 시기는 아버지께서 자기 권한에 두셨으니 너희가 알 바 아니요… 너희가 내 증인이 되리라…"(행 1:7-8).

그 누가 알겠는가? 이북 피난민 기독교인들에 따르면 제2차 세계대전이 끝나고 일본이 패망했을 때 곳곳에서 수많은 사람들이 기독교인이 될 준비가 되어 있었다고 한다. 교회마다 사람들로 차고 넘쳤다. 기독교인들이 새로운 정부를 구성하라는 요청을 받았다. 목사들이 도지사가 되고 시장이 되고 교장이 되었다. 심지어 교회를 핍박했던 일본인들이 목사들과 장로들을 초대해 이와 같이 말했다. "우리는 전쟁에 졌습니다. 일본은 항복했습니다. 이제 우리는 떠납니다. 사람들이 오직 여러분들만 따를 것입니다. 여러분이 새로운 정권을 수립해야 합니다." 많은 사람들이 기독교를 학교에서 가르칠 것을 요구했다는 말을 나는 들었다.

그런데 미국은 이미 러시아가 북쪽에 들어오도록 합의했다. 혹자는 "우리는 그들이 공산정권을 수립하리라고 예상하지 않았다"고 말한다. 그들이 왜 그러면 안 되는가? 다른 어떤 것을 예상할 수 있었는가?

러시아인들이 기독교인이 아니었던 것은 당연한 사실이다. 죄에 대한 깨달음이 없었고, 회개도 없었다. 주 예수를 구원자와 주님으로 믿는 신앙도 없었다. 그러나 적어도 시작과 기회는 있었다!

계속되어야 하는 일들

앞으로 어떤 일이 일어날까? 북측의 사람들이 거듭 나에게 심어 준 확신이 있다. 만일 그 불행한 땅이 공산주의 노예 상태에서 해방된다면, 주민의 80%가 기독교인이 되고 싶어 할 것이라고 했다. 하지만 상황은 정반대로 흘러갔다. 그들은 하나님을 부인하는 정권이 작동하는 모습을 목격한 것이다. 이제는 진절머리가 난다. 정반대 방향으로 폭동이 일어날 수 있다. 서양의 교회는 그 도전에 대처할 능력이 있는가?

1950년 가을에 유엔군이 공산당을 압록강까지 밀어붙였을 때는 전쟁이 금방이라도 종결될 것처럼 보였다. 당시 장로교 선교회 소속 네 명의 실행 위원들은 북진하는 군인들을 따라 공산 정권의 수도인 평양까지 들어갔다. 그곳은 한국의 예루살렘이라 불렸던 도시다. 장래를 위해 잠정적 계획이 수립되었다. 선교지로 돌아올 것으로 예상했던 모든 선교사 중에 단 두 쌍의 선교사들만 되돌아와서 북한 전역을 대상으로 선교활동을 해야 했다! 과거에 4개의 선교기지가 감당했던 사역, 각 선교기지에서 43명의 전임사역자들이 수행했던 그 많은 사역을 두 커플이 떠맡게 된 것이다! 그뿐만 아니라 500명이 넘는 한국인 목사들이 공산당의 손에 순교했다!

불가능한 일은 계속 수행되어야 한다.

베다니교회의 한경직 목사는 한국병참관구에서 근무하는 장교들에게 강연을 해 달라는 요청을 받았을 때 많은 이들에게 큰 감명을 주었다. 그는 이렇게 말했다.

"한국은 두 개의 큰 적이 있습니다. 하나는 외부의 적이며 또 하나는 내부의 적입니다. 첫째는 공산주의이고, 둘째는 한국인들의 도덕적 붕괴입니다."

"오래전에는 불교가 한국 땅을 지배했습니다. 그런데 불교가 타락해서 백성의 배척을 받았습니다."

"유교 윤리가 3천 년 동안 이 나라의 도덕적 삶의 근간을 이루었습니다. 그러나 유교도 비효과적인 것으로 판명되었습니다. 일본은 신도에 근거한 도덕 체계를 갖고 왔습니다. 하지만 한국인은 일본이 침략자임을 알고 있었기에 마음속으로 그들의 가르침을 거부했습니다. 두 번의 큰 전쟁이 연이어 발발해서 국가의 경제를 망쳤습니다. 도덕적 기준이 무너졌습니다. 이 나라의 장래를 위해 토대를 제공할 수 있는 것은 예수 그리스도의 복음밖에 없습니다. 오늘날 한국은 전례가 없을 만큼 열려 있습니다. 한국이 기독교 국가가 되지 않는다면 자유민주주의 국민을 만들 희망이 전혀 없습니다."

불가능한 일은 여전히 수행되어야 하며, 이는 더 긴급한 과업이 되었다.

어려운 일도 마찬가지다. 시간이 많이 걸리지만 계속 수행되어야 한다. 그것이 선교사가 복음을 전파하면서 의사와 간호사도 훈련하는 이유이다. 선교사는 농부들에게 더 나은 수확을 거두는 방법, 곡물과 과실의 적들과 싸우는 방법을 보여 준다. 한국에 사과나무를 처음 도입한 사람은 스왈렌 박사(W. L. Swallen, 1954년 사망)였는데, 그는 영적이고 복음전도적인 선구자들 중의 하나였다.

선교사는 학교와 대학도 운영한다. 물론 교회 지도자 양성이 주된 목적이지만 역사, 지리, 경제, 법, 과학도 가르친다.

이처럼 선교사는 이 모든 것을 가르쳐야 한다. 그리고 그 목적은 "모든 생각을 사로잡아 그리스도에게 복종하게 하는"(고후 10:5) 것이다. 그들이 그분께 사로잡힐 때에만 진정한 자유를 누리기 때문이다.

진리를 알지니, 진리가 너희를 자유롭게 하리라(요 8:32)
내가 곧 길이요 진리요 생명이니(요 14:6)
아들이 너희를 자유롭게 하면 너희가 참으로 자유로우리라
(요 8:36)

어려운 일은 시간이 좀 더 걸릴 것이다. 어쩌면 수박 겉핥기조차 제대로 못한 것처럼 보일 수 있다. 그러나 표면 아래에는 씨앗이 있다. 썩지 않는 씨앗이다. 잎은 올라오고 있

대구 계명대학의 출범. 교수진과 학생 전원이 하나님의 말씀에 충실한 기독교인. 급성장하는 한국교회에는 고도의 훈련을 받은 리더십이 필요하다.

다. 변화가 일어나는 중이다. 그러나 성장은 더디다. "먼저 잎이 올라오고, 다음에는 이삭이 생기고, 그다음에는 이삭에 옥수수 열매가 달린다."

13

the Christ of the Korean heart

옛 사고와 행동의 습관을 바꾸는 일은 오랜 시간이 걸린다. 더군다나 기독교 전통이 없는 곳에서는 더더욱 그렇다. 심지어 어느 날이 일요일인지를 기억하는 일조차 하나의 과제이다. 이 모든 일은 한국인이 스스로 하지 않으면 안 된다. 외국인 선교사들은 기껏해야 몇 사람밖에 감당할 수 없기 때문이다.

몇 년 전 나는 삐걱거리는 차로 압록강 상류를 향해 달리고 있었다. 강줄기를 따라 운전한 것이 아니라 강 표면 위를 운전하고 있었다. 중국과 북한을 가르는 그 큰 강은 겨울 넉 달 동안은 꽁꽁 얼어붙는다. 세찬 급류로 얼음이 얼지 않는 곳이 몇 군데 있지만, 얼음 두께가 1m가 넘는 곳도 있다. 중국인들은 네다섯 마리의 만주산 말이 끄는 큰 짐수레를 몰기 위해 얼음 위에 길을 만들었다.

어느 늦은 오후, 운전 중에 고물차가 고장 나고 말았다. 어둠과 추위 때문에 당장은 제대로 수리를 할 수 없다는 것을 알고 간단한 비상조치만 취했다. 나는 그곳에서 얼마 떨어지지 않은 곳에 교회가 있다는 것을 알고 있었다. 직접 방문한 적은 없었지만 여름 수양회와 노회 모임에 참석했던 몇 사람을 알고 있었다. 밤중에 상태가 좋지 않은 차를 몰고 외딴 지역을 가로지를 엄두가 나지 않은 나는, 먼저 사환을 보내 그 교회를 찾도록 했다.

초저녁에 눈 덮인 강을 따라 천천히 걷고 있을 때 멀리서 두 사람의 형체가 어른거렸다. 한 명은 내 요리사였고, 또 다른 하나는 나를 마중 나온 그 지역 장로였다. 차에 있던 식료품 상자와 침낭은 내가 묵을 소박한 집으로 옮겨졌다. 자동차는 냉각수를 뺀 후 강 위에 그대로 두었다.

함께 앉아 저녁식탁에 오른 배추국과 밥을 먹고 있을 때 그 장로가 내게 교회에서 저녁예배를 인도해 줄 수 있는지 물었다.

"좋습니다만 어떻게 사람들을 모으지요?"

나의 방문은 예정된 것이 아니었기에 교인들은 내가 오는지도 몰랐고, 무엇보다 그날은 예배가 있는 날도 아니었다. 근처에는 마을도 없었다. 농부들이 초가집을 지어 옹기종기 모여 사는 남쪽 지방과는 달리 그곳은 산등성 여기저기에 집들이 흩어져 사는 공동체였다. 장로는 심부름꾼들을 보내면 된다며 나를 안심시켰다. 그래서 나는 그 제안을 받아들였다. 열다섯에서 스무 명 정도 참석할 것으로 예상했다.

잠시 후 우리는 교회로 갔다. 나는 현대식 건물 구조와 벽을 보고 깜짝 놀랐다. 큼지막한 유리창과 멋진 바닥, 오르간과 강단, 의자와 성가대석 모두 훌륭했다. 그리고 230명이 질서 있게 앉아서 우리를 기다리고 있는 모습에 더욱 놀랐다.

예배시간 내내 신도들은 각별한 관심을 갖고 참여했다. 축도 후에 그 장로가 강단으로 나와서 내게 말했다. "당신이 이곳을 방문한 첫 번째 선교사입니다!"

일이 년 후 나는 그 교회를 다시 방문해 사경회를 인도했다. 저녁집회에는 최대 700명까지 참석했다. 그 많은 사람들이 어디서 왔는지 나는 도무지 알 길이 없었다.

압록강 변에 세워진 이 교회는 한국인들이 개척해 수년간 성장시킨 교회였다. 한국인들이 순전히 자기네 돈과 노력으로 세운 훌륭한 건물에, 주일학교, 청년부, 성가대와 여전도회 등을 모두 갖춘 교회로서, 파란 눈의 선교사를 한 번도 본 적이 없는 사람들이었다! 한마디로 토착교회이다.

그런데 그 교회만 그런 것이 아니었다. 모든 한국교회가 어떤 의미에서는 토착교회이다. 한국 땅에 깊이 뿌리를 내렸다는 의미에서 그렇다. 이 낯선 땅에는 항상 선교사보다 한걸음 앞서 교회가 있었다.

한국인들의 뜻과 힘으로 세워진 교회들

1885년, 호레이스 언더우드 박사는 안수받은 개신교 선교사로는 최초로 이 땅에 발을 디뎠다. 서울에 도착한 지 불과 몇 주

후에 한 무리의 한국인 신사들이 찾아왔다. 그들은 자신들을 기독교인이라고 소개하면서 "우리는 황해도 바닷가에 살고 있습니다. 우리를 한번 방문해 주시기 바랍니다"라고 말했다.

"아니, 기독교인이라고요?" 언더우드 박사가 놀라서 물었다. "나는 최초의 선교사로 한국에 왔습니다. 방금 도착했지요. 그리고 서울 바깥으로 나간 적이 없습니다. 그런데 어떻게 당신들은 기독교인이 되었습니까?"

"아, 우리는 바닷가에 살고 있습니다. 우리 지방 사람들은 때때로 중국을 방문합니다. 중국에 머무는 동안 몇 사람이 복음을 들었습니다. 우리 중 한 사람은 한문을 잘 읽습니다. 그 사람이 하나님의 말씀 한 권을 갖고 와서 그 책을 읽고 우리에게 설명해 줍니다. 우리는 교회를 세웠죠. 우리도 중국식으로 예배를 드립니다. 우리를 꼭 방문해 주시기 바랍니다."

언더우드 박사는 사흘 일정으로 조랑말을 타고 서해 바닷가에 위치한 '소래'(소나무골)라는 작은 마을을 방문했다. 그곳에는 잘 성장하는 아담한 교회가 있었다. 어른 교인 50여 명과 많은 어린이들이 출석하는 교회였다. 그는 세례 후보자를 위한 시험을 주관했다. 각 사람과 문답시간을 가졌다. 20명 이상이 갈보리에서 흘린 피를 통한 하나님의 구원 계획에 대해 정확하게

알고 있었다. 그는 그
들이 '복음에 합당한
삶'을 영위하고 있다
고 확신했다. 언더우
드 박사는 처음 방문
한 마을에서 세례를 집

소래교회: 한국 최초의 토착교회

전해 그들을 교회의 정식 교인으로 받아들였다.

안타깝게도, 이 마을은 삼팔선에서 몇 km밖에 떨어지지 않
아서 지금은 그 교회가 어떻게 되었는지 아무도 모른다. 우리가
아는 사실은 1950년 가을 맥아더 장군이 북쪽으로 진입하기 전
에 퇴각하던 공산군이 그 지방에서 대량 학살을 저질렀다는 것
이다.

나는 작년에 안식년에서 돌아온 후 우리 선교본부 인근에 새
로 지은 여러 교회 건물의 헌당식에 초대를 받아 왔다. 어떤 경
우에는 회중을 유치한 세 번째 건물이었다. 앞의 두 건물이 늘어
난 교인을 유치할 수 없었기 때문이다. 그리고 나는 가는 곳마
다 적어도 15년 동안은 선교사들이 방문한 적이 없는 교회라는
사실을 알게 되었다.

나는 일 년도 안 되는 기간에 신생 교회를 서른 군데나 방문

했다. 어떤 교회들은 멋진 건물에 교인이 400명이나 되었고, 또 어떤 곳들은 천막에서 모이거나 집들을 개조해서 교회로 만든 곳이었다. 거의 모든 경우에 내가 그들을 방문하는 최초의 선교사였다.

그런데 내가 아직 방문하지 못한 곳이 더 많다. 한국의 다른 지역들도 마찬가지다. 흔히들 "소수의 서양 선교사들이 결코 동양을 복음화할 수 없다. 복음 전도는 현지인이 스스로 해야 한다"라고 말한다. 사실은 그 소수의 선교사들이 한국을 복음화하지 못했다는 것이다. 복음 전도는 그동안 한국인들이 수행해 왔다.

선교사의 역할

충격적으로 들릴지 모르지만, 선교사의 주된 과업은 영혼을 구원하는 일이 아니다. 그의 주된 과업은 영혼을 구원하는 교회를 세우는 일이다! 물론 선교사는 영혼을 구원해야 할 것이다. 먼저 영혼을 구원해야 하는 것은 영혼을 구원하는 교회에 필요한 재목을 얻기 위해서다. 영혼을 구원해야 하는 것은 교회가 성장함에 따라 하나의 본보기이자 자극제이자 실물로 삼기 위해서다. 현지 기독교인들은, 특히 초기 단계에는 외국인 선교사들이 행하는 일을 모방하곤 한다. 그러나 때로는 현지인들이 외국인을 능가해 선교사들을 부끄럽게 하기도 한다는 것을 말하고 싶다. 어쨌든 선교사는 "만일 복음을 전하지 아니하면 내게 화가 있을 것"이기 때문에 영혼을 구원해야 한다.

그러나 선교사의 진정한 과업은 교회를 발전시키고 교회가 일하도록 돕는 것이다. 교회 자체가 목적은 아니다. 교회는 수단일 뿐이다. 고(故) 마크 매튜 박사는 목회자들에게 쓴 글에서 다음과 같이 말했다.

"당신의 교회가 당신의 사역현장이 아니란 것을 기억하십시오. 교회는 당신의 힘입니다."

어떤 선교지에서는 선교사들이 복음전도를 증진시키는 큰 책임을 맡고 있어서 교회를 돌보고 발전시키는 일은 현지인 지도자들에게 맡겨야 한다는 생각이 표출되고 있다. 만일 이런 생각이 외국인의 지배권에 대한 반발이라면, 이는 바람직한 현상이다. 그러난 만일 그것이 선교사들로 하여금 책임을 전가시키고 그들의 주된 노력을 회피하게 한다면, 그것은 서글픈 과오이다. 선교사는 현지인들을 위해 일하는 것(때때로 이렇게 일하는 것이 유감스럽다)을 그만둬야 하고 현지인들과 함께 일하기 시작해야 한다. 이것이 한국에서 일한 개척선교사들의 신념이었다. 그 선교사들은 한국의 초기 기독교인들에게 한국인을 전도하는 일은 그들의 책임이란 생각을 그들에게 고취시켰다.

나는 '사람 낚는 어부'에 관한 설교를 많이 들었다. 거의 언제나 낚시꾼이 홀로 낚시 바늘과 줄로 물고기를 잡는 모습을 묘사한다. 그러나 베드로와 야고보와 요한은 그물을 사용한 어부였음을 기억하자. 그리고 예수님도 그 비유를 들으셨다. "또 천국은 마치 바다에 치고 각종 물고기를 모는 그물과 같으니"(마 13:47). 천국 −교회−은 수단이다. 주님이 베드로에게 천국의 열쇠를 주셨고(천국 자체를 준 것이 아님을 유의하라), 베드로는 오순절 날 유대인에게 교회의 문을 열 때와 고넬료 집안의 이방인에게 문을 열 때 그 열쇠를 사용하였다.

한국의 대다수 선교사처럼 나도 순회하면서 복음을 전하는 데 많은 시간을 보냈다. 이는 보통 목사가 없는 시골교회와 집단을 순회하며 방문하는 것이다. 보통은 지도자들이 지난 6개월 동안 새로 믿은 초신자들을 데려오곤 한다. 초신자들은 교리문답을 받고 좀 더 오래된 사람들은 세례를 받게 된다. 초신자가 없는 경우에는 지도자들을 모아 놓고 왜 그런지 설명을 듣는다.

한국에서는 믿음의 결단을 내리게 하는 일이 별로 어렵지 않다. 그러나 초신자가 꾸준히 교회를 다니고 일관되게 신앙생활을 하게 하는 것은 별개의 문제이다. 그래서 우리는 "깃발을 올리고 배를 띄우는" 것보다 훨씬 많은 일을 해야 한다.

모든 민족에게 복음을 전하는 일은 사명의 십분의 일밖에 안 되고, "그들을 제자로 삼아 아버지와 아들과 성령의 이름으로 세례를 베풀고 내가 너희에게 분부한 모든 것을 가르쳐 지키게 하는 일"(마 28:19-20)이 나머지 십 분의 구에 해당한다. 한 장로는 자신이 세례를 받고 3년이 지난 후에야 복음의 진리를 온전히 알게 되었다고 나에게 털어놓았다. 그는 교리문답에서 내놓을 답변은 알았지만 그것이 그의 가슴 깊숙이 자리 잡은 적은 없었던 것이다.

"누구든지 그리스도 안에 있으면 새로운 피조물이라." 그렇다. 하지만 옛 사고와 행동의 습관을 바꾸는 일은 오랜 시간이 걸린다. 더군다나 기독교 전통이 없는 곳에서는 더더욱 그렇다. 심지어 어느 날이 일요일인지를 기억하는 일조차 하나의 과제이다. 이 모든 일은 한국인이 스스로 하지 않으면 안 된다. 외국인 선교사들은 기껏해야 몇 사람밖에 감당할 수 없기 때문이다.

복음전도 집회와 부흥회가 개최되면, 구름 떼 같은 청중이 몰려들고, 다양한 행사가 열리고, 전도지가 배포되고, 손들이 올라가고, 많은 사람들이 믿음의 '결단'을 내린다. 그런데 이후에는 모든 것이 예전과 같은 모습으로 되돌아가곤 한다. 물론 이런 도전의 순간은 매우 중요하고 분명 많은 영혼이 구원을 받는다. 그리고 모든 영혼은 하나님께서 보시기에 소중하다. 그러나 그것들은 어쩌면 꾸준히 흘러가는 큰물에 속한 급류에 불과할지 모른다. 그런 일을 가능케 한, 덜 화려하고 끈질긴 '삽질'이 계속되어야 한다.

씨앗이 뿌리를 내리는 일

많은 기구들이 즐비한 조급한 시대에는 온갖 새로운 접근들을 동원하고 싶은 유혹이 크다. 확성기, 라디오, 유성 영화, 대중 전도 등. 그 성과는 대단한 듯하다. 그러나 영구적으로 성취되는 것이 얼마나 되는지 묻지 않을 수 없다. 물론 모든 방법을 시도해야 하고, 두슨 수단을 쓰든지 일부를 구원해야 한다. 그런데 이런 수단들 중에 다수는 보통 기독교인들이 접근할 수 없다. 현지인이 외국인 선교사가 행하는 일을 보더라도 그런 것을 얻을 능력이 없다면 그것을 결코 할 수 없을 것이다.

이런 사역이 숫자가 보여 주듯 많은 신자를 생기게 할 수 있다. 그러나 우리는 전도할 대상이 수백만 명이나 되기 때문에 배가하는 방법을 사용해야 한다. 대도시의 '대규모 전도 캠페인'은 한국인 대다수가 거주하는 수천 개의 농촌 마을에서는 결코 듣지도 못할 것이다.

한때 한국 주둔 유엔군 사령관이었던 밴 플리트 장군은 군사 전략으로 이와 비슷한 것을 옹호했는데, 이는 매우 의미심장한 사실이다. 그는 비상시를 제외하고 타국 땅에서 적군과 직접 싸우는 일은 미군 본연의 임무가 아니라고 주장한다. 그 대신 당사국의 군인들을 훈련시켜서 그들이 자기 나라를 지키도록 하는 것이 미군의 임무라고 한다. 장기적으로 보면 미군을 주둔시키는 것은 비용이 많이 들고, 유지하기도 힘들고, 실제로 덜 효과적이다. '혈과 육의 전쟁'이 아닌 '영적 전쟁'을 치르는 외국인 선교사들에게도 똑같은 말을 할 수 있다.

오늘날 한국은 유례없이 복음에 대해 문이 활짝 열려 있다. 제2차 세계대전의 초기에는 대구에 교회가 7개밖에 없었다. 그러나 우리가 1947년에 돌아왔을 때는 17개가 있었고, 현재는 170개가 있다. 다른 도시들도 비슷하다.

한 복음전도자가 교회가 없는 어떤 마을에 파송되었는데, 첫 8주가 지난 후에는 남녀노소 모두 포함해서 237명의 기독교인이 생겼다고 한다. 하지만 적어도 반년은 거기에 더 머무는 것이 필요했다. 그렇지 않으면 그들이 교회 문턱에 쉽게 발을 들여놓았던 만큼 쉽게 빠져나갈 수 있기 때문이었다.

수년 전에 스왈른(소안론) 박사가 자신의 정원에 사과나무를 심기 위해 미국에 씨앗을 요청했다. 200개의 씨앗이 도착했다. 그렇게 많은 나무를 키울 장소가 없었다. 그래서 그는 시골 교회를 방문할 때 씨앗을 가져갔다.

"이것은 미국에 있는 과일입니다. 여러분이 이 과일을 좋아할지 모르겠지만 그래도 한번 시도할 만할 겁니다."

그는 한국인들에게 나무를 심고 돌보고 살충제를 뿌리는 법을 보여 줬다. 사과나무가 과일을 맺기 시작하자 사람들이 "당신네 미국 과일이 우리 한국의 배만큼은 물이 없고 달지 않아도 우리는 그것을 좋아합니다"라고 말했다.

한국인은 접붙이는 법을 알아서 새로운 나무들을 심었다. 이후 일본인이 들어와서 사과 회사를 조직했다. 기차를 타고 여행을 하다 보면 수 km에 걸친 아름다운 과수원을 볼 수 있다. 전쟁 이전에는 수많은 사과가 배로 중국과 일본으로 운송되었다. 지금은 사과가 어디에나 있어서 한국인은 사과가 한국의 토종 과일이라고 생각한다. 나는 "미국에도 사과가 있습니까?"라는 질문을 받곤 한다.

　이는 영생의 씨앗인 말씀에도 적용되는 이야기이다. 한 선교사가 홀로 처음 씨앗을 가져왔다. 그는 몇 사람의 마음속에 씨앗을 심었다. 이후 씨앗은 한 마음에서 다른 마음으로 전달되었다. 일꾼은 아직 부족하지만 추수할 것은 많다.

> 말씀이 육신이 되어 우리 가운데 거하시매 우리가 그의 영광을 보니 아버지의 독생자의 영광이요 은혜와 진리가 충만하더라(요 1:14)

　한국인 마음속의 그리스도는 사랑받는 제자(사도 요한)의 마음속에 살았던 그 그리스도이다.

14

배움의
문이
활짝 열리다

the Christ of the
Korean heart

기숙사로는 선교사 숙스 외에 다른 교회들의 지하실을 사용할 수밖에 없었다. 침상이나 매트리스, 담요, 홑이불, 베개 같은 건 없었다. 가마니가 콘크리트 바닥의 딱딱함을 조금 덜어주었고, 밤이 추워지기 시작하면서 신문이 그나마 조금 도움이 되었다. 그러나 산과 동굴과 감옥에서 단련된 학생들은 전혀 불평이 없었다.

맥아더 장군이 인천에 상륙한 이후 공산군은 압록강까지 후퇴했다. 하지만 두 달 만에 중공군이 물밀듯 남하하기 시작했다. 서동혁은 대규모 피난민 대열에 합류할 수 있을 만큼 건강이 좋지 않았다. 결국 서동혁은 의용군 입대를 거부했다가 경찰에게 끌려가 흠씬 두들겨 맞고 6개월 동안 병상에 누워 있어야 했다.

한때 평양에 있던 신학교 학생이었던 그는 다른 신학생들과 마찬가지로 좌익세력의 횡포가 극렬해지자 복학을 포기했다. 당시 좌익세력은 공산당의 노선을 따르지 않는 교수들을 파면하고 공산주의에 동조하는 어용학자들로 교체했다.

서동혁의 집은 한반도가 중국 대륙을 향해 서쪽으로 바라보는 모습을 지닌 황해도 바닷가에 있었다. 그곳에서 그는 작은 교회를 섬기며 가능한 한 조용히 지냈다. 그러나 경찰은 곳곳에서 감시하고 있었고, 그는 여러 차례 체포되어 구타와 심문을 당했다.

'남조선 해방'을 위한 준비 작업이 고조되고 모든 젊은이가 '인

민군'으로 징집되었고, 서동혁은 경찰서에 불려가 대결을 벌였
다. 그는 자신이 평화의 사람이고 인민의 영적인 필요를 돌보는
사역자로 하나님의 부름을 받았다는 입장을 끝까지 지켰다. 서
동혁과 마주한 공산주의자는 남한 사람들이 '미국 자본주의의
노예'일지라도 동족에게 총부리를 들이댈 수 없었다.

"영적인 필요라고!"

우두머리가 소리쳤다.

"그건 모두 미신이야! 종교는 인민의 아편이라고. 미국은 정
치적 앞잡이들을 선교사의 모습으로 보내 한국 사람을 속이고
요정 이야기로 현혹시켜 월 스트리트의 규칙에 복종하는 노예로
만들고 있어! 공산주의는 평화를 위한 프롤레타리아 운동이야.
우리가 해방을 쟁취할 때까지는 진정한 평화가 없다고. 우리는
미 제국주의의 끔찍한 압제 아래 신음하는 남쪽의 형제자매들
을 해방시키기 위해 투쟁해야 한단 말이야!"

그는 부사관을 불러 서동혁을 데려가 인민의 뜻을 거역하면
어떻게 되는지 똑똑히 교육시키라고 말했다. 부사관과 부하들
은 서동혁을 뒷마당으로 끌고 갔다. 무자비한 구타가 시작되자
서동혁은 하나님께 부르짖었다.

"아버지, 저들을 용서하소서. 그들이 무슨 짓을 하는지 알지

못합니다.”

서동혁은 눈앞이 캄캄해지면서 의식이 흐릿해질 때 이렇게 외쳤다.

“주 예수여, 내 영혼을 받으시옵소서.”

그 순간이 마지막이라고 생각했다. 하지만 끝이 아니었다. 그것은 진정한 해방의 시작이었다.

그들은 피투성이가 돼 죽은 듯이 보이는 서동혁의 몸을 경찰서 뒷마당에 내팽개치고는 매장을 위해 시체를 수습하러 온 서동혁의 가족들에게 시체를 가져가도 좋다고 허락했다.

그런데 집으로 와서 보니 놀랍게도 아직 서동혁의 맥박이 뛰고 있었다. 그의 아내와 어머니는 곧 그의 상처를 씻고 편안한 침대로 옮겼고, 아버지와 삼촌은 뒷방으로 가서 그의 목숨을 구해 달라고 하나님께 간절히 기도했다.

서동혁은 의식은 돌아왔으나 감염과 고열로 인해 원기를 회복하기까지 여러 달이 걸렸다. 그래서 기회가 왔을 때에도 밖으로 나갈 수가 없었다. 서동혁은 이렇게 말한다. “운이 좋았지요. 나보다 덜 심하게 맞은 사람들은 나중에 모두 총살당했으니까요.”

무사히 정착하다

공산군은 먼저 서울을 되찾았다가 다시 잃고 또 큰 전선을 지키느라 무척 분주했다. 그래서 황해도 외딴 마을에는 신경을 쓸 여력이 없었다. 덕분에 지역 민병대가 그 지역을 여러 달 동안 자유로운 상태로 지킬 수 있었다. 그러나 주요 전선이 어느 정도 안정되자 황해도가 정복되는 것이 불가피했다. 그러는 사이, 서동혁은 원기를 많이 회복해서 바다로 나가 큰 섬에 피신할 수 있었다.

몇 주가 지나자 그는 남쪽으로 가야 한다는 생각이 들었다. 먼저 집에 가서 가족을 데리고 나와야 했다. 하지만 벌써 고향은 공산군 통제하에 있었기에 매우 조심해야 했다. 그의 가족은 반역자의 부양가족으로 죽임을 당할 수도 있었다. 서동혁은 위험을 무릅쓰고 고기잡이배의 선원으로 위장해서 고향집을 찾아갔다.

그는 공산군의 눈을 피해 밤에 이동해 마침내 집에 도착해서 가족과 숨죽인 상봉의 기쁨을 나누었다. 문제는 가족을 어떻게 데리고 나오느냐 하는 것이었다. 낮에 길로 이동할 수는 없었고, 밤에 산길을 타는 것은 어린 두 자녀와 갓난아기 때문에 불가능했다. 어찌해야 할까? 서동혁은 집에서 24km 떨어진 산 속

에서 은신할 만한 굴을 찾았다. 그는 격주에 한 번씩 양식을 구
하러 밤에 마을에 갔다 왔다.

어느 날 그는 상당히 큰 총격전 소리를 들었는데 소총 소리만
이 아니라 중무기 소리도 났다. 수풀을 헤치고 아래쪽으로 내려
가 보니 한국군과 미군으로 구성된 유엔군 습격대가 지프차와
장갑차량과 함께 있었다. 그는 한국군에게 자신의 정체를 알리
고 안내자 역할을 자원했다. 그리고 그 작전이 끝났을 때 군의
허락을 받아 가족을 데리고 정박 중이던 상륙함정에 몸을 실을
수 있었다.

그의 가족은 마침내 군산항에 위치한 난민촌에 정착했다. 처
음 공산군이 남침을 시작한 지 일 년 이상이 흐른 뒤였다.

어느 날 서동혁은 신문을 읽다가 한국 장로교 총회가 대구에
임시로 새로운 신학교
를 세우기로 했다는 기
사를 접하게 되었다.
삼팔선 때문에 사람들
이 평양 신학교에 갈
수 없게 되자 남쪽에
반(半)사립 신학교들이

마침내 총회신학교가 창립되다.

우후죽순 세워져 경쟁이 너무 치열해진 바람에 그것을 대치하기 위한 결정이었다. 새로운 신학교! 정식으로 인가된 신학교! 장로교 총회의 지원을 받는 학교!

서동혁의 가슴은 기쁨으로 벅찼다. 이제 그는 목회사역에 필요한 준비 과정을 마칠 수 있게 된 것이다. 그는 곧 대구로 떠날 채비를 서둘렀다.

당시 이 신학교를 세우는 임무가 나에게 맡겨졌다. 교단 내 여러 계파를 하나로 묶어야 했기 때문에 한국인은 아무리 유능해도 소속 계파가 있어서 학장으로 선임될 수가 없었다. 그래서 선교사가 그 일을 맡게 된 것이다. 전쟁 중에, 게다가 교실도, 기숙사도, 도서관도, 책도, 돈도 별로 없고, 일급 교수도 거의 없는데 학생은 많은 열악한 상황에 신학교를 세우는 임무가 내게 주어진 것이다. 꼭 필요한 자격은 단 하나, 천사들도 발 딛기를 두려워하는 형국에 바보처럼 돌진할 수 있는 무모함이었다. 총회 지도자들은 내가 그런 자격을 갖고 있다고 생각했던 것 같다.

신학교에서의 생활이 시작되다

그해 9월 서동혁과 비슷한 처지의 학생들이 대구로 몰려왔다.

그들 중 다수는 대다수의 기독교인이 존재했던 삼팔선 이북에서 온 사람들로 중공군이 전쟁에 개입하자 남쪽으로 피난을 온 것이었다. 그리고 다수는 반(半)사립 신학교들에 몸담고 있던 이들이었다.

거의 모든 사람이 박해를 받은 경험이 있었다. 일부는 일본 치하에서, 그리고 그보다 많은 이들이 공산주의자 아래서 박해를 받았었다. 어떤 이들은 산속에서 몇 달씩 숨어 지냈고, 어떤 이들은 자기 집 마당에 토굴을 파고 은신했으며, 어떤 이들은 황량한 작은 섬에서 목숨을 연명했었다. 거의 모두가 체포되어 혹독한 구타와 고문을 당하고 감방에 갇힌 경험이 있었다. 그리고 어떤 사람들은 의용군으로 끌려갔다 도망친 경우였다.

그들은 살아남아 서로를 다시 볼 수 있어서 얼마나 기뻤는지 모른다!

“너는 어떻게 살아 있었나?”

“네가 죽었다는 소문을 들었어!”

“여차여차해서… 김씨, 이씨, 강씨는 풀려나지 못했고 김씨와 이씨는 죽임을 당했어. 강씨는 인민군이 되었어. 최씨와 장씨는 미군 포로수용소에 갇혀 있다네.”

이런 내용의 대화가 이어졌다.

서동혁은 중앙교회 지하실에 가족을 위한 보금자리를 마련했다. 사실 '보금자리'란 말은 어울리지 않는 단어다. 그저 한쪽 구석에 가로와 세로가 각각 1.8m밖에 안 되는 가림막이 쳐진 방이었다. 그래도 그것은 엄연히 집이었다!

그는 신학교에 입학할 수 있었다. 이제는 체포되어 구타를 당하는 일이 없을 것이다. 드디어 공산주의 '낙원'에서 벗어나 '제국주의 월 스트리트의 발꿈치' 아래 놓인 것이 얼마나 큰 행운인가! 미 제국주의 '첩자'인 미국 선교사들은 적어도 아내와 아이들에게 옷을 주었고, '이승만 꼭두각시 정권'이 배급한 양식에 더해 여분의 식량까지 제공했다.

대구는 공산군이 점령하지 못한 두 도시 중의 하나였다. 한때 공산군은 11km 밖까지 내려왔다. 하지만 이 도시는 소수의 포탄이 떨어지는 데 그쳤다. 인구 30만 명의 도시가 피난민이 유입되면서 두 배로 늘었다.

서동혁의 가족은 평생 시골에서 살다가 피난길에 포격으로 황폐해진 도시들만 보았는데, 대구에서 온전한 도시의 풍경을 보고 얼마나 놀랐을까! 피난민들로 북적대는 좁은 길들은 트럭과 지프차와 전쟁용 차량들로 활기를 띠고 있었다. 미8군과 제5공군, 그리고 새로 창설된 대한민국 육군은 각각 그 사령부를 대구에 두고 있었다.

대구의 교회들은 신학교 교실을 짓기로 이미 뜻을 모았지만 건축은 이제 막 시작된 시점이었다. 우리는 본부에서 떨어져 있어 미군 장교들의 징발을 받지 않은 텅 빈 선교사 숙소를 한 동 갖고 있었다. 사실 '비어' 있었다는 표현은 맞지 않다. 그곳은 피난민으로 가득했고 아이들과 파리가 들끓고 있었다.

우리는 도시 복지과를 설득하는 데 성공해서 대다수의 난민들을 새로운 거처로 옮겼으나 지하실은 여전히 난민들로 가득 차 있었다. 1층은 신학교 교두실로, 그리고 위층들은 기숙사로 사용될 예정이었다. 한때는 180명의 학생을 수용하기도 했다. 학생들은 어디에나 있었다. 옷장에, 화장실에, 부엌에, 식료품 보관실에, 처마 밑 다락에까지! 미국에서는 한 가족이 살 만한 공간에 무려 180명이 생활한 것이다. 통조림 깡통의 정어리가 '우리는 한국인처럼 여기에 꽉 차 있다'고 불평하는 것도 놀랄 일이 아니다!

대구에서 둘째로 큰 교회인 서문교회가 신학교에서 약 400m 떨어져 있었다. 이 교회가 신학고의 교실로 사용될 것이었다. 물론 장로교 소속 여자 고등학교가 있긴 했지만 그 건물을 미 공군이 사용하는 바람에 학교가 지하실로 내려갔고, 신학교 수업은 좌석이 없는 강당의 구석에서 진행되었다.

다른 방향으로 비슷한 거리에 위치한 서남교회는 예비 수업을 위한 장소로 사용되었다. 기숙사로는 선교사 숙소 외에 다른 교회들의 지하실을 사용할 수밖에 없었다. 침상이나 매트리스, 담요, 홑이불, 베개 같은 건 없었다. 가마니가 콘크리트 바닥의 딱딱함을 조금 덜어주었고, 밤이 추워지기 시작하면서 신문이 그나마 조금 도움이 되었다. 그러나 산과 동굴과 감옥에서 단련된 학생들은 전혀 불평이 없었다.

목사협의회가 의촉한 위원회의 도움으로 우리는 커다란 밥솥과 국솥을 구입했다. 교회 앞마당에 있던 화덕에 솥들을 설치했고, 그 위에 판자로 엮은 처마를 세웠다. 화창한 날에는 야외에 소풍을 나온 것 같았다. 또 비가 들어오는 날에는 사람들이 음식을 잠자리로 갖고 오는 바람에 '침상에서 먹는 아침식사'가 되었다.

큰 믿음으로 시작하다

우리는 처음에 이삼백 명의 학생을 예상하고 그에 맞춰 준비하려고 애썼다. 그런데 총회의 결정에 따라 다른 신학교 재학생들은 모두 별도의 시험 없이 받아들이게 되었다. 백여 명의 지원자가 학점 미달로 탈락되긴 했으나 등록을 마쳤을 때 학생 수는 무려 519명이나 되었다.

그중 100명 이상은 상급반에 들어갈 준비가 되어 있었다. 규모 면에서 세계에서 가장 큰 장로교 신학교였다! 신화에 나오는 미네르바가 완전히 성장한 상태로 제우스의 머리에서 태어난 것처럼, 이 학교도 완전히 성장한 채 태어나서 그 솔기로 터져 나오고 있었다. 그나마 미네르바는 자기가 갈 멋진 궁전이라도 있지 않았나. 학교들이 교회들을 이용하고 피난민이 도처에 붐비는 상황에서 문제는 모든 신학생을 위해 잠자리를 마련하는 것이었다. "제우스의 지혜"라도 빌려와야 할 판이었다. 하지만 한국인은 아무것도 없는 곳에서 경이로운 일을 만드는 데 타의 추종을 불허하기 때문에 우리는 결국 모든 사람이 머리 둘 곳을 마련할 수 있었다.

첫째 날 오후, 중앙교회 마당은 온갖 활동으로 붐볐다. 모두들 바쁘게 일하고 있었다. 몇몇 사람은 큰 솥을 걸어 놓을 돌화덕을 만들고 있었고, 몇몇은 요리할 때 필요한 바람막이 판자를 세우고 있었다. 얼마 지나지 않아 맛있는 음식 냄새가 마당에 가득 찼다. 첫날 저녁식사를 위해 배고픈 학생들이 모여들었다. 불을 지피는 일을 맡았던 서동혁이 말했다.

"지금은 역사적인 순간입니다. 우리가 다니던 평양신학교가 문을 닫은 지 얼마나 긴 시간이 흘렀는지 생각해 보십시오. 우리가 겪었던 역경들도 한번 생각해 보십시오. 이제 우리는 이 새로운 곳에서 첫 식사를 하려고 모였습니다. 모두 머리를 숙이고 풍성한 은혜를 주신 하늘 아버지께 감사합시다!"

그때 사고가 발생했다! 눈부신 섬광과 귀를 찢는 듯한 굉음. 작은 취사장이 수천 개로 산산조각이 났다. 철제 솥의 큰 파편들은 공중으로 솟구쳐 올랐고 일부는 교회 종탑 위에 떨어졌다. 그리고 화덕이 있던 곳에는 큰 구덩이가 생겼다. 불발탄이 일 년 넘게 그곳에 묻혀 있었다가 불을 피우자 불길이 뇌관을 건드려 터졌던 것이다.

즉시 다치지 않은 사람들이 다친 이들을 돌보았다. 놀랍게도 사망자는 없었다. 폭발 현장에서 가장 가까이 있던 사람들은 기독병원으로 옮겨졌으나 그 부상은 심하지 않은 것으로 판명되었다. 서동혁은 감사기도를 드리기 위해 고개를 돌리지 않았더라면 적어도 눈이 크게 다쳤을 것이다.

그렇게 첫 식사가 시작되었다. 세계 어디에도 그처럼 큰 굉음과 함께 시작한 신학교는 없었다. 세계 어디에도 그보다 큰 희망과 함께 시작한 신학교도 없었다. 어떤 신학교도 그보다 더 큰 문제에 직면한 경우는 없었다. 하지만 그보다 더 큰 믿음으로 앞을 내다본 신학교도 없었다.

이튿날 아침부터 성경낭독이 시작되었다. 책상도 걸상도 없었지만, 동양인들은 오랜 세월 바닥에 앉는 것을 배웠고 그런 자세를 좋아했다. 도서관이 따로 없었기에 교실 강의가 주 29시간씩으로 연장되었다.

미국에 사는 하나님의 성도들이 보낸 선물이 도착하기 시작했다. 불과 몇 달 만에 우리는 천주교회가 고아원으로 사용하던 벽돌 건물을 매입할 수 있었다. 가톨릭교도는 나가고 개신교도가 들어왔다. 따뜻한 의류와 침구류 등 구호물자가 배편으로 왔다. 한 미국 신학교의 학생들이 교재 비용으로 3천 달러를 보내 주었다. 겨울이 본격적으로 시작될 무렵 우리는 학생들을 지하실에서 좀 더 편안한 곳으로 옮길 수 있었다.

만일 하나님이 선교사의 본국에 그분의 성도들을 갖고 계시지 않았다면, 선교사들이 어떻게 그런 사역을 감당할 수 있었을까? 나는 딸에게 쓴 편지에 이런 내용을 후기로 덧붙였다. "혹시 천 달러 정도 여유가 있으면 보내 주길 바란다." 사위가 그 편지를 당회 서기에게 보여 주었고, 서기는 교회 잡지에 모금 광고를 실었다. 심지어 그 후기까지 실었다. 어느 늙은 부부로부터 한

통의 편지가 날아왔다. "마침 우리에게 천 달러의 여유가 있어서 보냅니다." 그동안 딸도 어떻게든 천 달러를 구해 보기로 결심했다. 그녀는 10, 25, 50달러씩 십시일반 모금해서 천 달러가량 만들 수 있었다.

지금 신학교는 수도인 서울로 옮겨졌고 나보다 덜 바보스럽고 더 천사 같은 한국인 신학자가 학장직을 이어받았다. 새로운 장소는 서울 중앙에 위치한 남산 높은 곳으로, 일본의 태양신 아마테라수의 신사가 있던 곳이다! 그 여신의 '지성소'가 있던 바로 그 자리에 한국인 순교자를 기리는 아름다운 기념비가 세워질 예정이다. 그 비문에는 그 여신에게 무릎 꿇기를 거절한 사람들의 이름이 새겨질 것이다!

서동혁은 목사 안수를 받고 이제는 대구에 있는 피난민 교회에 정착했다. 그곳은 미군이 버린 맥주 깡통으로 지붕을 만든 허름한 건물이다. 목사관은 한국인이 '하꼬방'이라 부르는 성냥갑 같은 집이지만, 그의 단출한 가족은 다 함께 행복하게 살고 있다. 그들은 아침과 저녁마다 가정예배를 드린다. 그들의 찬송소리가 이웃에 울려 퍼진다.

예수가 거느리시니 즐겁고 평안하구나

주야에 자고 깨는 것 예수가 거느리시네

주 날 항상 돌보시고 날 친히 거느리시네

15

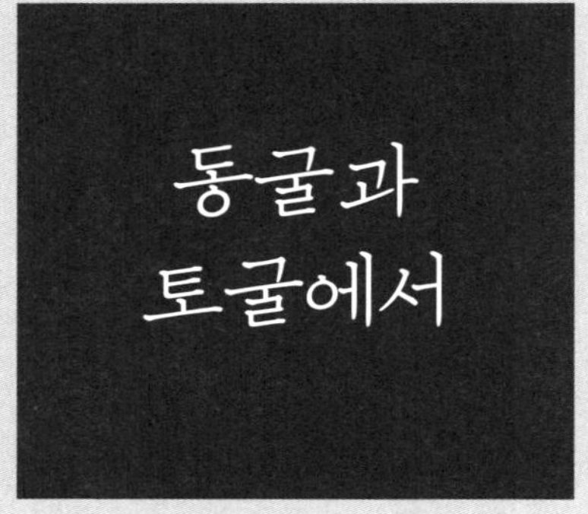

The Christ of the
Korean heart

어느 누구도 설교가 길다고 불평하지 않았다. 이 피난민 기독교인들에게 일요일은 그저 일상 중의 하나가 아니라 영적인 축제의 날이었다. 예배는 해치워야 할 지루한 의무가 아니라 기쁨과 찬송이 넘치는 시간이었다.

백인규의 심장이 빠르게 뛰었다. 왁자지껄한 말과 둔탁한 발소리가 바로 머리 위에서 들렸다. 공산군 헌병이었다. 그들은 그를 찾고 있었다. 만약 은신처가 발각되면 무자비하게 총살을 당하거나 인민군에 끌려갈 운명임을 그는 알고 있었다.

"당신의 사위가 여기에 숨어 있다는 걸 다 알고 있소. 그는 북조선 인민군에서 도망한 탈영병이오. 숨어 있는 곳을 말하지 않으면 당신이 뜨거운 맛을 볼 것이오!"

"당신네가 찾아보시오. 내가 어디에 숨기겠소? 여기에 오면 잡힐 게 뻔한 데 왜 오겠소?"

이후에 문을 난폭하게 닫는 소리와 큰 궤짝과 곡물 저장통을 뒤엎는 요란한 소리가 들렸다. 백인규는 속으로 기도했다. '주여, 어느 때라도 부르시면 기쁘게 당신 곁으로 갈 것입니다. 주님의 말씀처럼 육신만을 죽일 수 있는 자들을 두려워하지 않습니다. 하지만 몇 년 전 제가 인생을 당신에게 드렸음을 당신은 알고 계십니다. 그리고 저는 당신이 제가 당신의 교회에서 당신은 섬기길 원하신다고 믿습니다. 당신의 뜻이라면 예전에 여러 번 그랬던 것처럼 이번에도 저를 구해 주십시오.'

마침내 바깥의 시끄러운 소리가 잦아들었고 체포조가 떠나면서 내뱉은 위협을 들을 수 있었다.

백인규가 숨어 있던 장인의 집은 평안북도 선천에 있는 인구 이만 명의 조그만 읍이었다. 공산당이 들어오기 전에는 읍내 사람의 절반 이상이 매주 일요일마다 교회에 있었다. 그러나 그는 지금 장인의 집 구들장 밑에 판, 무덤보다 조금 큰 구덩이에 숨어 있었다.

백인규는 전임 기독교 사역자가 되기로 헌신했고 평양에서 신학교에 다니고 있었다. 그런데 많은 교수들이 하나씩 사라졌고, 빈 자리는 공산당의 승인을 받은 이들로 교체됐다. 그리고 곧 공산주의자에게 넘어간 사람들, 공산당 노선을 지지하는 어용인사들로 채워졌다.

1948년 가을에 장로회신학교는 재편돼 감리교신학교와 통합되었고, 각 학급은 공산당의 통제 아래 50명으로 제한되었다. 환멸을 느낀 백인규는 대다수 동료 학생들과 마찬가지로 방학이 끝난 후 학업에 복귀하지 않았다. 그 대신 이성두 목사의 지도를 받으며 선천에서 멀지 않은 곳에 위치한 한 교회에서 평신도 설교자로 봉사했다. 당시 이성두 목사는 근처의 더 큰 교회에서 사역하던 중이었다. 백인규는 하나님의 훌륭한 종인 이성두 목사와 허심탄회한 대화를 깊이 나눌 수 있었다. 이 목사는 몇 년 전 일본인의 압력에 굴복해 신사참배에 참여했던 자신의 부끄러운 과거를 고백했다. 다시는 외압에 굴복해 양심을 저버리는 행위를 하지 않겠다는 이 목사의 굳은 각오를 들을 때 젊은 제자의 마음은 뜨겁게 달아올랐다. 그는 자신도 이 목사와 같은 믿음과 변치 않는 마음을 갖게 해 달라고 기도했다.

죽을 고비를 넘기다

1949년 봄, 공산당은 군대를 증강하기 시작했다. 45세 미만의 모든 남자는 군대에 징집되었다. 복음사역자는 동족을 죽이기 위해 무기를 들 수 없었기에 이성두 목사는 입대를 거부했고, 젊은 백인규도 이 목사를 따라 징집을 거부했다. 그러자 그들은 강변의 사금 채취 광산으로 끌려가서 강제노동을 해야 했다. 그곳에 끌려온 대다수 노동자는 공산주의자가 되기를 거부한 기독교인들이었다. 그들은 날마다 새벽 4시30분에 기상해서 기장이 섞인 거친 음식을 먹고 어두워질 때까지 녹초가 되도록 일을 했다. 형편없는 음식과 수면 부족으로 많은 사람이 오랫동안 버틸 수 없었다. 많이 아파도 일어설 수 없을 때까지 일하도록 강요받았다. 그리고 '병원'이라 불리는 곳으로 끌려간 후에는 행방이 묘연해졌다.

일요일이 되면 이성두와 백인규는 기상 사이렌이 울리기 전에 몰래 자기 교회로 가서 예배를 인도했다. 만일 경비병에게 발각되기라도 하면 심하게 맞았다.

어느 일요일 아침, 그들이 잡혔다. 손이 허리 뒤로 포박되었다. 그들의 눈앞에는 땅바닥에 박힌 뽀족한 죽창이 있었다. 무릎 뒤에는 나무 막대기가 끼워졌고 날카로운 돌판 위에 무릎이 꿇렸다. 앞으로 몸을 굽히면 죽창이 그들의 얼굴을 뚫을 것이었고, 뒤로 젖히면 무릎 뒤에 끼인 나무 막대기로 고통스러웠다. 지글지글 끓는 태양에 발가벗긴 등이 타서 부풀어 올랐다. 때로는 고문관들이 고개를 젖히고 배에 물이 찰 때까지 코에 물을 부은 후 징을 박은 구둣발로 그들에게 뛰어올랐다.

한국 전쟁이 발발한 직후인 1950년 여름의 어느 일요일, 이성두와 백인규, 그리고 또 한 명의 기독교인은 무자비하게 구타를 당한 후 강에 버려졌다. 그들이 기어 나오기 시작하자 고문관들이 수면 아래로 밀어 넣어 익사한 것으로 보일 때까지 그들 위에 앉아 있었다. 몇몇 교회의 신도들이 강가에 서서 교역자들이 고통 받는 모습을 지켜보다가 공산주의자들이 떠나자 강으로 달려가 그들을 끌어냈다. 아직 목숨이 붙어 있는 것을 알고는 인공호흡으로 폐에서 물을 빼내고 그들을 다시 살렸다.

이튿날 체포조가 다시 들이닥쳤다. 이성두 목사는 탄광으로 끌려갔고 백인규는 인민군으로 강제 징집되었다. 다른 십여 명과 함께 호송될 때 백인규는 조금씩 뒤로 빠져 기회를 틈타 밭고랑으로 미끄러진 후 수풀로 도망가서 몸을 숨길 수 있었다. 경찰이 그를 찾고 있는 동안 백인규는 산 쪽으로 이동해 가장 높은 봉우리로 올라갔다. 마침 그곳에 깊은 굴이 있어서 어둠 속으로 기어들어가 몸을 누였다.

그는 아무것도 먹지 못한 채 열흘을 보낸 후 한밤중에 언덕을 넘어 신천읍으로 내려갔다. 눈에 익은 동네 골목길을 지나 장인 집의 담장을 넘을 때는 이미 새벽이었다. 그날 장인은 구들장 밑에 구덩이를 팠다. 백인규가 화덕을 통과해 기어들어가자 장인은 편평한 돌로 입구를 덮었다. 그리고 화덕에 불을 지핀 후 재로 덮어 입구를 완전히 숨겼다.

수색조가 수색을 단념할 때까지 백인규는 여러 날을 칠흑 같은 어둠 속에서 견뎌야 했다. 그때 그의 장인은 전기줄을 구덩이 속으로 넣어 전깃불을 마련해 줬고, 그는 이어폰으로 라디오 주

파수를 잡는 데 성공했다.

백인규는 숨어 있는 동안 도쿄에서 방송되는 뉴스를 들을 수 있었고, 이후에는 북한을 겨냥한 한국어 특별 프로그램도 접할 수 있었다. 어느 날 그 소중한 이어폰으로 맥아더 장군의 목소리가 들려왔다! 정말 감격스러운 순간이었다! 그는 미군이 그 지역에 들어올 날이 얼마 남지 않았음을 확신했다.

그런데 라디오보다 더 소중한 것이 있었다. 바로 장인이 밀어 넣어 준 성경이었다. 날마다 그는 그 안전한 감방에 누워 하나님의 귀한 말씀을 탐독했다.

내가 사망의 음침한 골짜기로 다닐지라도 해를 두려워하지 않을 것은 주께서 나와 함께하심이라 (시 23:4)
네가 물 가운데로 지날 때에 내가 너와 함께할 것이라 강을 건널 때에 물이 너를 침몰하지 못할 것이며 네가 불 가운데로 지날 때에 타지도 아니할 것이요 불꽃이 너를 사르지도 못하리니 (사 43:2)

그는 기나긴 낮과 밤을 보내며 기다림 속에서 성경 구절을 암송했다. "악을 행하는 자들 때문에 불평하지 말며 불의를 행하는 자들을 시기하지 말지어다"(시 37:1). 시편 27, 37, 90편. 요한복음 14, 15, 17장, 로마서 8장, 요한일서 등. 때때로 예전에는 본 적이 없는 놀라운 약속들을 발견하곤 했다.

외로운 은신처에서 접하는 주 예수님의 말씀은 맥아더 장군의 목소리보다 더 그를 흥분시켰다. 한 시간쯤 성경을 읽은 후 딱딱하고 차가운 바닥에 누우면 마치 사랑의 주님이 그의 곁에서 그의 마음속에 친히 말씀하시는 것 같았다.

네 마음에 근심이 있느냐… 눈을 주님께 돌려 그 놀라운
얼굴 보라. 주님 은혜 영광의 빛 앞에 세상 근심은 사라지네.

사흘 만에 사라진 자유의 빛

하루는 라디오 전파를 타고 도쿄에서 기쁜 소식이 날아들었다. "유엔군이 인천에 상륙했다. 저항이 거의 없었다. 서울로 진군하는 중이다."

그때 그는 그 살아 있는 무덤에서 벗어나 하나님의 영광스러운 햇빛을 다시 볼 날이 머지않았음을 직감했다.

날마다 좋은 소식이 들려왔다. 서울이 수복되었다, 삼팔선

을 넘어섰다, 사리원, 평양! 이른
아침에 황급히 퇴각하는 인민군이
선천읍을 통과한다고 장인이 알려
주었다.

"그러나 인민군이 목사와 장로
를 비롯한 기독교 지도자들을 모
두 잡아 총살시켰다네. 그들이 완
전히 물러갈 때까지는 밖으로 나
오지 말게."

백인규 목사. 그의 교회 앞에서

나중에 그는 은신처에서 서둘러 나왔다가 총살당한 사람이
수백 명이나 된다고 들었다.

10월 20일, 유엔군 선발대가 읍내로 들어왔다. 주민들은 기
뻐서 어쩔 줄 몰랐다. 백인규도 끔찍한 감방에서 기어 나왔다.
그는 똑바로 서려고 했다가 머리가 핑 돌아서 마른 볏짚 넘어가
듯 뒤로 고꾸라졌다. 거울에 비친 자신의 모습은 매우 낯설었
다. 살갗은 표백된 듯 뿌옇게 바랬고, 덥수룩한 수염과 산발한
머리는 노인의 모습과 다름없었다.

"이거 원, 방에 줄이라도 매달아서 걷는 법부터 다시 배워야
할 판이군."

늦가을 서리에 모든 것이 죽었지만 세상은 너무도 아름다웠다! 이 얼마나 밝은 햇살인가! 하늘은 또 얼마나 푸른가!

그런데 단 사흘 만에 비보가 날아들었다. "중국 공산군 참전! 유엔군 퇴각!"

백인규는 도무지 믿을 수 없었다. 몇 개월 동안 얼마나 간절하게 기다리고 또 바라던 자유인데…, 뜬소문이 틀림없다고 생각했다. 그런데 수천 명이 고향을 버리고 남쪽으로 피난하기 시작했다. 백인규는 너무 얼떨떨해서 그들에게 합류할 수 없었다. 바로 그 다음 날, 새로운 적군이 선천을 점령했다.

백인규는 거의 준비 없이 신천읍을 떠나 시골로 들어갔다. 그는 피난민 대열에 합류해 큰 길을 따라 남쪽으로 내려갔다. 그들이 읍에서 멀지 않은 고갯마르에 다다랐을 때 느닷없이 중공군이 나타나 피난민을 포위했다. 그런데 중국어를 통역할 사람이 없어서 모두들 우왕좌왕했다. 백인규는 자칫하면 인민군에 인계되어 총살을 당하거나 군대로 보내질 것임을 직감했다. 그는 무릎을 꿇고 기도했다. "주여, 당신의 뜻이라면 이 난관을 헤쳐 나가도록 도와주소서. 지난 몇 달 동안 보호해 주셨으니 지금도 저를 구출하셔서 제가 앞으로 주님의 교회를 섬기도록 허락하소서."

　그 기도의 응답인 듯 멀리 남쪽에서 윙윙거리는 소리가 들리더니 갑자기 천둥 같은 소리로 변했다.

“미군 폭격기다!”

　중공군은 길 양쪽에 있는 소나무 사이로 흩어졌다. 피난민들은 장차 공산주의자에게 어떤 고통을 받을지 알았기에 죽음을 무릅쓰고 도망치기로 했다. 그들은 도로를 따라 죽자 살자 뛰어갔고, 그중에는 백인규도 있었다.

　폭격기가 지나가자 중공군의 기관총 소리가 울렸다. 많은 피난민이 피를 흘리며 길 위에 쓰러졌다. 백인규는 뒤를 돌아보지 않고 도망쳤다. 그의 다리는 녹아버린 것 같았고 목구멍은 바짝 말랐다. 그는 길옆의 덤불 속으로 숨어 숨을 고른 후 혼신의 힘을 다해 남쪽으로 계속 도망갔다.

　두려움과 피로에 시달리며 밤낮 없이 강행군을 거듭했다. 그는 버려진 시골 딘가에서 먹을 것을 찾아야 했다. 하지만 감히 쉴 수는 없었다. 여기저기 언덕에서 치열한 교전이 벌어졌다. 중공군도 멀지 않은 곳에 있었다.

　평양에 도착하니 그곳은 그야말로 아수라장이었다. 대동강 기슭에는 강을 건너려는 피난민의 긴 행렬이 있었다. 모든 다리는 이미 파괴되었고, 평양시 북쪽에 배다리가 있긴 했으나 민간인은 접근할 수 없었다. 예전의 철교는 파괴되어 고철이 뒤틀리고 엉키어 흉물스럽기 그지없었다. 몇 사람은 필사적으로 철교를 건너가려고 시도했다. 다수가 발을 헛디뎌 차디찬 강물에 떨어졌다.

백인규는 그 철교가 유일한 탈출로라고 생각하고 위험을 무릅쓰고 건너기로 결정했다. 몇 번이나 발이 미끄러져 다리에서 떨어질 뻔했지만 다행히 남쪽 강변에 닿을 수 있었다. 다른 피난민 대열에 합류해서 일주일 이상 지친 몸으로 걷고 버려진 집에서 자고 양식을 주워 먹은 후 마침내 서울에 도착했다. 그곳에서 선천에서 피난을 온 기독교인들을 만나 교회에 거주하며 그들과 생사고락을 함께하였다.

그러나 중공군이 계속 남하해 서울이 다시 점령될 지경이었다. 그때 세 명의 미국 선교사가 선교용 트럭을 이용해 기독교인들을 인천항으로 수송하고 있었다. 백인규가 흔들리는 트럭에 끼어 탄 때는 크리스마스였다. 그들이 뻣뻣한 모습으로 항구에 내렸을 때 한 선교사가 씩 웃으며 말했다. "천 명도 넘겠는 걸. 크리스마스를 기념하기에 딱 어울리는군!"

상륙용 함정에 피난민이 가득 차서 바다로 나가자 사람들이 찬송가를 부르기 시작했다.

예수가 거느리시니 즐겁고 평안하구나.

주야에 자고 깨는 것 예수가 거느리시네.

교회가 세워지다

제주도에서는 미군이 제공해 준 군용 막사 안에서 지내는 각박한 삶이었으나 끊임없는 위험과 배고픔과 육신의 고통에서 해방된 것만으로도 그저 감사할 뿐이었다. 제주도에 도착한 피난민들은 교회를 조직했고 열정적으로 복음을 전했다. 40개의 새로운 교회가 탄생했다. 주일학교는 아이들로 북적거렸다.

백인규는 그 새로운 그룹 중 하나를 조직하는 데 헌신했다. 그는 은신처에서 머문 몇 달 동안 하나님의 말씀에서 배운 것과 주님과 나눈 친밀한 교제 등 마음속에 매우 많은 것을 갖고 있었다. 어느 누구도 설교가 길다고 불평하지 않았다. 이 피난민 기독교인들에게 일요일은 그저 일상 중의 하나가 아니라 영적인 축제의 날이었다. 예배는 해치워야 할 지루한 의무가 아니라 기쁨과 찬송이 넘치는 시간이었다.

그해 가을 백인규는 서울에 있던 장로회신학교가 부산으로 이전해 개강한다는 소식을 접했다. 그는 부산으로 가서 신학공부에 전념했다. 이듬해에는 총회가 대구에 새로운 신학교를 설립했고, 백인규는 첫 졸업생 중의 하나가 되었다.

하나님은 백인규가 기다리고 또 기다리던 목회의 길을 열어 주셨다. 그는 신학생 시절에 한국군 장교의 가족들을 위한 교회를 개척하였다. 교회는 본래 일본인이 건축했고 미군이 미군정 기간에 사용했던 주택 지구에서 시작되었다. 이제 그곳을 한국인들이 사용하게 된 것이다.

백인규의 경험은 특별한 것이 아니라 당시 다수의 기도교인들이 일반적으로 경험한 것들이다. 그와 비슷한 경험을 한 많은 학생이 신학교를 졸업한 후 급성장하는 교회에서 활발하게 사역하고 있다. 히브리서 11장의 내용이 반복된 셈이다.

또 어떤 이들은 조롱과 채찍질뿐 아니라 결박과 옥에 갇히는 시련도 받았으며 돌로 치는 것과 톱으로 켜는 것과 시험과 칼로 죽임을 당하고 양과 염소의 가죽을 입고 유리하여 궁핍과 환난과 학대를 받았으니 이런 사람은 세상이 감당하지 못하느니라 그들이 광야와 산과 동굴과 토굴에 유리하였느니라.

16

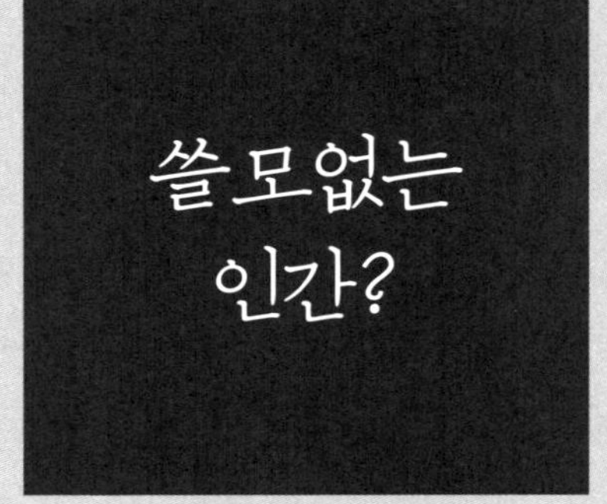

the Christ of the
Korean heart

"내가 처음 서울에 간 것은 새로운 두 손을 받기 위해서였지만, 훨씬 많은 것을 얻었어요. 나는 주 예수 그리스도를 찾았고, 영생을 발견했습니다. 희망과 기쁨과 사랑을 찾았고… 무엇보다 내가 '쓸모 있는 인간'임을 깨달았죠."

열여섯 살에 두 손을 모두 잃은 김창호의 앞날은 암울하기만 했다. 일을 할 수도, 스스로 옷을 입을 수도, 음식을 먹을 수도 없었다. 늘 누군가의 도움을 받아야 했다. 평생 신세를 져야 할 인생이라니….

"이렇게 살아서 뭐해? 나 같은 것이 무슨 쓸모가 있어? 나한테도 그렇고 누구에게도 좋지 않잖아!"

날마다 그는 딱딱한 마룻바닥에 누워 눈물로 세월을 보냈다. 완전히 끝장을 내버리는 게 어떨까 싶었지만 양손이 없으니 자살조차 할 수 없었다.

어느 날 수면제 한 병을 구했다. 잘린 팔의 말단을 이용해 많은 알약을 사발에 붓고는 그것을 몽땅 삼켜 버렸다. 거의 죽을 뻔했다. 이틀간 의식을 잃었으나 젊은 덕분에 회복되었다. 이후로 그의 가족은 김창호가 건드리지 못하도록 약병이나 도구들을 모두 치워 버렸다. 할 수 있는 일이라고는 밤낮 누워 훌쩍이며 신세를 한탄하는 일이 전부였다.

그날에 발생한 끔찍한 사건이 얼마나 자주 머릿속을 스쳐 갔는지 모른다. 공산주의자들은 남한을 침공한 지 이틀 만에 서울의 공항 근처에 위치한 그의 고향인 김포의 언저리까지 진격해 왔다. 당시 갓 창설된 대한민국 군대는 미군정 고문단의 도움에도 불구하고 제대로 전열을 갖추지 못했다. 미숙한 한국군을 돕기 위해 고등학교의 전교생이 밖으로 나갔다.

김창호와 그의 학우들은 혈기왕성한 젊음으로 전쟁터에 뛰어들었다. 그들은 곤경에 처한 전투병들에게 탄약을 운반하는 일을 맡았다. 김창호는 무거운 탄약상자를 머리에 이고 참호를 따라 걷고 있었다. 그때 눈부신 섬광과 고막을 찢는 굉음과 함께 불과 몇 미터 곁에서 포탄이 터졌다. 파편들이 지상으로 노출되면서 그의 양손을 찢고 말았다. 그는 고통스러워 비명을 지르며 쓰러졌다.

김창호가 쓰러져 있는 동안 전투는 끝났으나 아무도 그를 주목하지 않았다. 이튿날 그는 간신히 기어서 집으로 돌아왔다. 양손이 망가져 버렸고, 엄청난 통증으로 도무지 음식을 먹을 수 없었다.

이틀 후 산으로 피신했던 부모와 누나가 집으로 돌아왔다. 누나가 창호의 상처를 씻고 그를 깨끗하게 보살피고 음식을 먹여 주었다. 하지만 일주일도 되지 않아 상처가 감염으로 악화되어 집에서는 치료가 불가능해졌다. 아버지가 그를 업고 공산군에게 점령당한 서울로 갔다. 그곳에서 그를 맡아 주겠다는 의사를 만나게 되었다. 입원한 다음 날, 의사는 김창호의 양손을 잘라 냈다.

상처는 서서히 아물었고 누나의 지속적인 간병으로 그는 원기를 회복하기 시작했다. 그리고 붕대를 제거했을 때야 비로소 김창호는 자기가 처한 상황을 완전히 깨닫게 되었다. 그는 아기처럼 음식을 받아먹어야 했고, 스스로 옷을 입을 수 없었다. 그는 평생 생계를 위해 일도 할 수 없을 것이다. 불구자였다. 사람들이 피하는 인간이 된 것이다.

그는 스스로 목숨을 끊어야겠다고 생각했다. 무덤 너머에 무엇이 있는지는 몰랐다. 귀신들이 돌아다니지만 효자들이 제물을 바치는 귀신들만 내세에서 행복할 것을 기대할 수 있었다. 그러나 이생의 전망은 그보다 더 나빴다. 그래서 어떻게 해서든 생을 마감하고 싶었다. 그런데 그는 자살조차 마음대로 할 수 없는 자신의 처지에 완전히 낙담하고 말았다. 캄캄한 절망이 모든 것을 뒤덮었다.

전쟁이 그 마을을 네 차례나 휩쓸고 지나갔고, 그때마다 더 큰 상흔을 남겼다. 매번 전투가 끝난 후에 그의 가족이 돌아왔다. 아버지는 그 집의 방 한 칸을 재건해서 온 가족이 겨울에 따뜻하게 지낼 수 있게 했다. 미군이 서울을 수복했고 마침내 김포공항이 수리되었다. 온갖 전투기들이 밤낮으로 뜨고 내렸다.

희망의 새벽이 밝아오다

비극적인 사건이 일어난 지 2년 후, 그는 이웃을 통해 서울의 유명한 세브란스 병원에서 불구자들에게 인공 팔다리를 달아준다는 소식을 듣게 되었다. 김창호는 자신도 도움을 받을 수 있는지 알아보려고 아버지와 누나의 부축을 받으며 병원을 방문했다.

병원에서 그는 한 방으로 안내되었는데, 거기에는 매우 친절해 보이는 미국인 유명한 복음전도자이자 저자였던 선교사의 아들. 르우벤 토리 목사/신학박사 이 있었다. 그 박사는 인공 팔과 '갈고리'를 달고 있었다. 그런데도 전혀 부끄러워하지 않는 듯 보였다. 실망이나 낙담의 기색도 전혀 없었다. 오히려 그 반대였다! 그는 생기와 열정이 넘치고 행복해 보였다. 더구나 자신뿐만 아니라 다른 사람들을 위해서도 무언가를 하고 있었다!

김창호는 그 미국인이 '갈고리'를 태연하게, 자신 있게, 효과적으로 사용하는 모습을 지켜보며 감탄을 금치 못했다. 뜻밖의 행동이 줄줄이 이어지는 것을 보고 깜짝 놀랐다. 그때 그의 마음속에 희망의 새벽이 밝아오기 시작했다! 언젠가 자신도 스스로를 돌볼 수 있을지 모른다는, 자신도 남을 위해 무언가를 할 수 있을지 모른다는 생각이 들었다. 혹시 스스로 생계를 꾸려 나갈 수도 있지 않을까?

이후 며칠에 걸쳐 이 낯선 미국인이 그의 팔을 재고 '갈고리'를 맞추는 동안 김창호는 그 의사를 유심히 지켜보았다. 그는 인내심이 많고, 친절했으며, 자신처럼 팔다리를 잃은 사람들에게 관심이 아주 많았다. 왜 이 사람은 자기 나라를 떠나 여기에 와서 한국인에게 이렇게 봉사하는 것일까? 분명히 돈 때문은 아니었다. 돈 한 푼 없는 사람까지 모두 받아들였기 때문이다. 김창호는 미국이 굉장한 나라라고 들어왔다. 그는 수백 대의 멋진 미국 비행기를 보았고, 그 축복받은 나라에서 온 번쩍이는 자동차도 보았다. 아니, 그토록 부유한 나라를 떠나 왜 전쟁으로 황폐해진 가난한 한국에 오고 싶었을까? 더군다나 이 사람은 한쪽 팔도 없는데 말이다! 창호는 종종 밤중에 이 이상한 의문을 곱씹어 보곤 했다.

그러던 어느 날 자기를 이관숙으로 소개한 젊은이가 그에게 말을 걸기 시작했다. 이 남자도 의족을 달고 있었고, 자신의 모습을 부끄러워하지 않았다. 그 역시 쾌활하고 행복해 보였다. 김창호는 그런 사람과 얘기를 나누는 것이 기뻤다. 그는 이관숙이 달고 있는 의족도 그 친절한 미국인이 만든 것이라는 걸 알게 되었다.

문득 김창호의 머릿속에 어쩌면 이 젊은이가 답변을 줄 수 있을지 모르겠다는 생각이 들었다.

"왜 이 미국인은 부유하고 아름다운 자기 나라를 떠나 여기에 와서 말도 안 통하는 우리와 같은 사람들을 돕는 거지요?"

"아, 그건 그분이 기독교인이기 때문이에요."

"기독교인이라고요? 그게 무슨 상관이죠?"

"모든 게 다 관련이 있죠. 주 예수 그리스도는 하나님의 독생자였는데 우리를 사랑하셔서 가련한 죄인인 우리를 돕기 위해 하늘에서 이 땅에 오셨답니다. 그분은 병자와 가난한 자와 불구자와 앞 못 보는 자를 도와주셨습니다. 이후에 그분은 우리의 죄에 대한 형벌을 치르기 위해 십자가에 못 박혀 돌아가셨습니다. 예수님은 기독교인들의 마음속에 똑같은 사랑을 심어 놓으셔서 그분이 우리를 사랑한 것처럼 우리도 남을 사랑하게 하신 것입니다."

“당신도 기독교인가요?”

“물론이죠.”

“기독교에 대해 좀 더 얘기해 주세요.”

사랑과 자비와 봉사. 그게 전부가 아니었다. 죽음 이후의 삶. 미국보다 훨씬 멋진 나라, 천국. 거기서 누리는 영생. 이 모든 것이 하나님의 선물. 이것을 믿고 영접하는 모든 사람에게 값없이 주어지는 것.

너무나 낯설고 놀라워서 단번에 모든 것을 이해할 수 없었다. 하지만 이관숙이 그를 방문하러 올 때마다 그 이야기를 더욱 펼쳐 주자 세상이 바뀌는 것 같았다.

“다음 주 일요일에 나와 함께 교회에 가실래요? 우리는 하늘에 계신 아버지를 예배하고 우리의 주님이요 구원자이신 예수 그리스도를 찬양하려고 다 함께 모이거든요.”

“네, 참석하고 싶어요. 하나님과 그분의 놀라운 아들에 대해 더 알아야겠어요.”

새롭게 펼쳐진 세계

예전에는 조금도 알지 못했던 어떤 세계가 김창호 앞에 활짝 열렸다. 크고 아름다운 베다니교회는 세 번의 큰 전투를 겪으면서도 거의 피해를 입지 않았다. 찬양대의 감미로운 찬양! 예전에는 이런 것들이 있는지조차 몰랐다. 그리고 수많은 사람들! 교회는 일요일마다 사람들로 가득 찼다. 그들은 모두 행복해 보였다. 거의 모두가 북한에서 내려온 피난민이었음에도 너무나 달라 보였다. 한경직 목사는 매주 아주 놀라운 말씀을 전했다. 김창호는 설교를 다 이해할 수는 없었지만, 설교를 들으면 이상하게도 가슴이 따스해지곤 했다!

그는 곧 기도하는 법을 배웠고, 매일 이관숙이 준 그 놀라운 책을 읽었다. 왜 예전에는 이 기이한 것들을 듣지 못했을까? 만일 들었다면 절망에 빠져 있던 그 2년이 완전히 달라졌을 거라고 그는 생각했다.

여러 달이 지난 후 김창호는 그 교회에서 교리문답 학습자로 받아들여졌다. 그리고 서울을 떠나기 직전에 그는 훈련을 거친 후 세례를 받고 정교인이 되었다.

김창호는 새로운 불구자 프로젝트에 동참하려고 그 훌륭한 미국인 의사와 함께 대전으로 내려갔다. 대전에서는 인공수족을 만드는 가게들을 짓고 있었다. 김창호는 이미 그 위대한 사람의 가까운 친구가 되었던 것이다. 그분과 많은 얘기를 나눌 수는 없어도 그가 하는 말의 의미는 항상 잘 파악했다.

　여러 달 동안 김창호는 전주의 미국인 병원에 보내져서 불구자들에게 어떻게 '갈고리'를 사용하는지 가르치기 시작했다. 이후에 그는 대전으로 돌아와서 똑같은 일을 했다. 나는 김창호가 장기 게임을 하는 것을 지켜보고 감탄한 적이 있다. 그는 갈고리로 능숙하게 '졸'을 집어 올려 정사각형을 따라 '깡충' 도약시켰다. 그리고는 연필을 집어 점수를 기록하기까지 했다. 그는 학생들에게 탁구를 치고, 오자미를 받고, 설거지를 하고, 바닥을 쓰는 법을 가르친다.

김창호가 두 학생의 성적을 기록하는 모습

　김창호는 그의 구원자를 발견한 지 오래지 않아 집에 가서 부모와 누나에게 그 놀라운 이야기를 들려주고 싶은 마음이 간절했다. 나이가 많은 분들은 복음을 잘 이해할 수는 없었지만, 그럼에도 불구하고 김포에 있는 한 교회를 찾아서 정기적으로 예배에 참석했다. 그의 누나는 그 놀라운 복음을 잘 깨달았다. 그래서 곧 아침마다 새벽기도회에 참석해서 다른 신실한 여성들처럼 하나님 앞에 그의 영혼을 쏟아 놓았다.

김창호는 자신의 체험을 마을 사람들에게도 간증했다. 많은 친구들이 그리스도를 그들의 구원자로 영접했다. 교회는 두 배로 성장했다.

그러나 전쟁은 모든 사람을 가난한 상태로 전락시켰다. 재정적으로 자립할 수 있는 길이 아예 없었다. "내가 한번 신경을 써 보겠다"고 김창호가 말했다. 그는 대전의 영농선교연합회로부터 200개의 오리알을 확보했다. 그는 그 알들을 마을로 가져와서 농업 선교사에게서 배운 대로 따뜻한 방바닥에 놓고 돌봤다. 119마리가 부화해서 아장아장 걸으며 주위를 기웃거렸다.

지금은 오리가 몇 배로 늘었고 닭과 토끼도 기르기 시작했다. 달걀과 고기는 서울의 판매처로 보내졌다. 마을은 다시 풍요롭게 되었다. 사람들이 한목소리로 그를 칭찬했다.

"손도 없는 소년이 우리에게 삶을 되돌려주었네!"

김창호는 나를 보며 씩 웃었다. "나는 내가 아무짝에도 쓸모가 없다고 생각했어요. 살아갈 목적이 없다고 생각했지요. 하지만 나는 지금 다른 사람을 가르치는 선생입니다. 토리 박사님은 내가 여태껏 만난 사람들 중에 가장 훌륭한 인물입니다. 나에게는 예수님과 비슷한 분이죠. 내가 처음 서울에 간 것은 새로운 두 손을 받기 위해서였지만, 훨씬 많은 것을 얻었어요.

나는 주 예수 그리스도를 찾았고, 영생을 발견했습니다. 희망과
기쁨과 사랑을 찾았고… 무엇보다 내가 '쓸모 있는 인간'임을
깨달았죠."

17

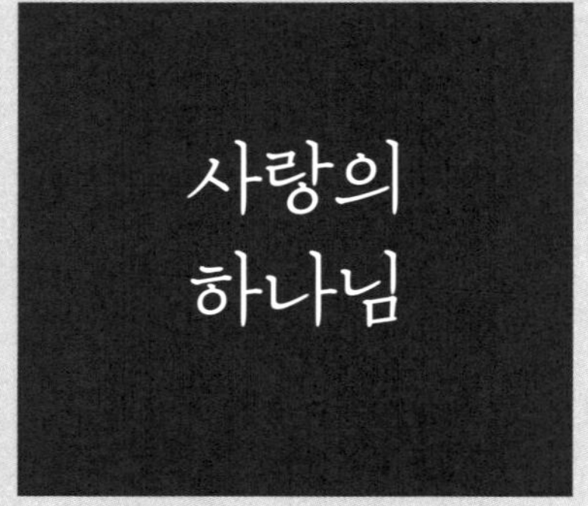

The Christ of the Korean heart

내게는 거의 40년을 이곳 한국에서 사역한 끝에 품게 된 또 다른 확신이 있다. 그들의 마음을 사로잡은 메시지, 곧 그들을 감옥으로, '기쁨으로 받는' 구타로, 죽음으로, 또는 그들의 동족에게 복음을 증언하는 일로, 초가지붕과 맥주 깡통으로 엮은 지붕을 가진 교회들로 보내는 그 메시지는 바로 서씨를 사로잡은 메시지이며, 바울의 위대한 마음을 사로잡은 메시지라는 확신이다. "하나님은 나를 사랑하셨고, 나를 위해 그 자신을 내어주셨다."

"'십자가를 진다'는 것은 어쩔 수 없는 고난이나 슬픔을 불평이나 군말 없이 받아들인다는 뜻이 아닙니다. 십자가는 죽음의 도구입니다. 십자가를 진다는 것은 옳은 것을 위해, 주 예수 그리스도를 위해 심지어 죽음까지 무릅쓰고 자발적으로 고난을 선택한다는 뜻입니다."

내가 이렇게 말하자 서씨는 눈을 지그시 감고 입을 꼭 다물었다. 마음속으로 큰 결심을 하고 있음을 직감했다.

이는 서씨의 교회에서 열린 새벽기도회 소그룹에서 있었던 일이다. 서씨는 몇 년간 나의 비서로 일하다가 교회 사역에 뛰어들어 조력자 내지는 안수받지 않은 전도사로 일하고 있었다. 나는 깊은 책임감을 느꼈다. 그것은 죄책감에 가까운 느낌이었다. 내 말에 따라 결단한다는 것은, 고난은 물론 죽음까지 감수해야 한다는 것을 알았기 때문이다. 나 자신은 그런 고난을 기꺼이 직면할 마음이 있는가?

그로부터 일 년도 안 되어 시련이 닥쳤다. 내가 사는 집에서 서씨가 연행된 것이다. 당시는 신사참배 문제로 성경학교는 이미 폐쇄된 상태였다. 그래서 나는 열두 명에게 우리 집에서 비공식적으로 성경을 공부하자고 긴급하게 요청했었다. 서씨도 그들 중 하나였다.

서씨는 아침에 파출소로 소환되었다가 정오에 미소를 띠며 돌아왔다. 그는 "우리는 오늘 오후에 틀림없이 체포될 겁니다"라고 말했다. 한 시간 동안 무릎을 꿇고 기도한 후 성경공부를 재개했는데, 갑자기 일본인 순사와 한국인 순사 두 명이 방으로 들이닥쳤다.

"이건 무엇이오? 학교가 아니오! 허가도 없이 학교를 운영하다니!"

그들에게 나는 설명했다.

"하나님의 말씀을 공부하는 비공식적인 모임일 뿐이오."

"매일 만나는 것이오?"

"그렇소."

"같은 시간에 만나오?"

"그렇소."

"모두 같은 책으로 공부하오?"

"그렇소."

"그러니까 학교라는 것이오. 허가증이 있어야 한단 말이오. 당신들은 나가서 신사참배를 해야 하오. 모두 우리를 따라오시오."

나의 심문은 두어 시간밖에 걸리지 않았고 말로만 이루어졌다. 일본 경찰들은 심문할 때 보통 손찌검을 하는데, 나는 예외였다. 나는 해코지 없이 풀려났으나 내 친구인 한국인들은 사뭇 다른 취급을 받을 것임을 알았다.

그들 중 두 사람은 적당히 둘러대어 용케 풀려났다. 그러나 다른 이들은 물러서지 않고 단호한 입장을 취했다. 그 사건 이후 나는 그들 중 두 사람만 볼 수 있었다. 대다수는 감옥에서 풀려나지 못한 것이다. 그들은 제2차 세계대전이 끝날 때까지 계속 갇혀 있었다. 서씨는 체질기 강한 편이 아니어서 나는 서씨가 결국 철장 안에서 순교하리라고 예상했다.

그런데 일본이 패망한 후 얼마 안 되어 나는 서씨의 편지를 받고 깜짝 놀랐다. 그는 고 목사와 함께 고난을 끝까지 잘 견뎌냈던 것이다. 반면에 그의 형제와 가까운 친구 한 명은 감옥에서 생을 마쳤다. 다른 사람들의 생사는 모르고 있었다.

주님을 위해 기꺼이 고난의 길을 가다

1947년 여름, 서씨는 삼팔선을 넘어 내가 있는 대구로 내려왔다. 내 추천으로 서씨는 한 시골 교회의 목사가 되었다. 그는 출옥 후 장로교 북노회에서 목사 안수를 받았는데, 감옥에서 보낸 한 학기가 신학교의 두 학기로 인정받은 덕분이었다.

서씨는 그의 경험을 과장 없이 진솔하게 내게 얘기했다.

"뺨을 열두 대 정도 맞고 나면 볼이 얼얼해져서 감각이 거의 없어져요."

"심문관들이 물고문을 여러 번 했지만, 저는 우리 주님이 십자가에서 당하신 더 큰 고난에 대해 생각했습니다. 그러면 괜찮았습니다."

물고문은 판자나 탁자 위에 눕힌 다음 탁자 모서리에서 고개를 뒤로 꺾어 진한 고춧가루를 탄 물을 콧속으로 붓는 것이다. 이것은 이따금 멈추기만 하면 영구적인 손상을 남기지 않는 고문의 형태이다.

"그들이 어느 날 그 고문은 거짓말하는 자로 진실을 실토하게 만든다고 하더군요. 그래서 나는 말했습니다. '그런데 내가 진실을 말하고 있음을 당신네도 알지 않소. 내가 거짓말을 하도록 당신들이 이렇게 하고 있는 것이오.' 그렇게 말한 이후 그들이 더 이상 물고문은 하지 않았습니다.”

“저는 그해 6월에 의주로 옮겨졌습니다. 거기서 40일 동안 매일 구타를 당했습니다. 저는 우리 주님이 겪은 40일 금식에 대해 생각했습니다.”

“그들은 면도를 못해 텁수룩하게 자란 내 머리카락과 수염을 모두 뽑아 버렸습니다.”

“하루는 심하게 구타를 당한 후 매우 갈증이 났습니다. 물 한 모금을 달라고 했지만 거절당했습니다. 나는 십자가 위에서 목이 말랐던 주님을 생각했습니다. 그리고 나의 죄 때문에 그분이 이런 식으로 고난당하셨다는 것을 깨닫게 되었습니다. 눈에서 눈물이 흘러 뺨을 적시고 입으로 흘러들어 내 목마름이 해갈되었습니다.”

“날마다 그들은 나에게 신사참배만 하면 된다고 설득했습니다. ‘당신은 정말 바보 천치구만. 고개만 한 번 숙이면 바로 고향의 가족 품으로 돌아갈 텐데.’ 그 즉시 마음속에 말씀 한 구절이 떠올랐습니다. ‘만일 내게 엎드려 경배하면 이 모든 것을 네게 주리라.’ 그리고 주님의 멋진 대답이 생각났습니다. ‘주 너의 하나님께 경배하고 다만 그를 섬기라’(마 4:9-10). 이후로는 그들이 나를 설득할 가능성이 없어졌습니다.”

"혹독한 추위가 이어진 겨울 내내 딱딱한 콘크리트 바닥에서 잠자는 것이 가장 견디기 힘든 것 중의 하나였습니다. 배급받은 담요 한 장은 온갖 해충으로 가득했죠. 밤에는 빈대에 시달렸지만 칠흑같이 어두워서 잡을 수도 없었습니다. 특히 새벽에 찬 바람이 불 때 콘크리트 바닥에 맨발로 서서 목욕 차례를 기다리는 것은 정말 끔찍했습니다. 여러 차례 심하게 아프기도 했지만 주님이 저를 데려가시진 않았습니다. 아마도 이 세상에서 나를 쓰실 일이 있었던 것 같습니다."

"해충과 빈대가 너무 설치는 바람에 온 몸에 욥처럼 종기가 났습니다. 종종 토기 조각이라도 있어서 가려운 몸을 긁을 수 있으면 좋겠다고 생각했습니다."

"그러나 바울이 빌립보서에서 말하듯이, 그 모든 고난은 복음전파에 유익한 것으로 드러났습니다. 나는 너무나 많은 날을 일본인의 심문을 받는 데 보냈습니다. 그들은 일본어 성경을 가져와서 하나님이 우상숭배와 다른 신들에 대한 경배에 관해 말하는 구절을 보여 달라고 했습니다. 그런데 심문관이 계속 바뀌는 바람에 나는 오히려 많은 사람들에게 복음을 전할 기회를 얻었습니다. 하지만 그들은 나의 질문에 대답할 수 없으면 대단히 화를 내며 나를 때리도록 지시했습니다. 그들 중 다수가 내가 옳다는 것을 알면서도 그것을 인정하려 하지 않았습니다. 그 고위 관리들에게 하나님의 말씀을 증언할 수 있었던 것은 얼마나 큰 특권이자 기회였는지 모릅니다. 평소라면 그런 높은 사람들과 접촉할 기회가 전혀 없었을 겁니다. 나는 그들에게 하나님의 말씀을 많이 전했습니다. 그것이 영생의 씨앗임을 알았기에 몇 사람의 마음속에 뿌리를 내리게 해 달라고 매번 기도했습니다.”

“어느 날 밤 일본인 순사가 내 감방에 왔습니다. 흔치 않은 일이었지요. 보통은 내가 항상 호출되어 그들 앞에 서야 했습니다. 나는 영문을 몰라 의아했습니다. 그 순사가 말했습니다. ‘나는 당신이 그 모든 고난을 불평 없이 인내하며 감수하는 모습을 지켜보았소. 예수에 대한 당신의 믿음은 내가 여태껏 목격한 모습 중에 가장 놀라운 것이오. 나도 당신과 같이 기독교인이 되고 싶소.’ 나는 더듬거리는 일본말로 예수님이 얼마나 그를 사랑해서 그를 위해 죽으셨는지, 그리고 얼마나 그를 받아주시고 그의 죄를 용서하시며 그에게 영생을 주고 싶어 하시는지를 얘기했습니다. 얼마나 큰 특권이었는지 모릅니다. 그날 이후로 저는 더 좋은 음식을 배급받은 것 같습니다.”

“하지만 심한 소화불량에 걸려 나는 많이 먹지 못했습니다.

그래서 다른 죄수들과 나누어 먹었습니다. 그들이 교도소를 떠날 때는 내 손을 잡고 눈물을 흘리며 고마워했고 꼭 기독교인이 되겠다고 말했습니다. 적어도 여덟 명은 그 약속을 지켰습니다. 나는 출옥한 이후에 상당히 많은 사람들을 만나서 여전히 신앙생활을 잘하고 있는지 물었습니다. 그들은 '그야 물론이죠!'라며 나를 안심시켜 주었습니다."

"나는 여러 감옥을 전전하면서 가는 곳마다 예수님을 증언할 기회를 얻었습니다. 대단히 많은 사람들이 '믿고' 싶다고 내게 얘기했습니다. 적어도 200명은 정말로 기독교인이 되었다고 확신합니다."

"나와 함께 감옥에 갇혔던 다른 기독교인들이 있었습니다. 그 가운데 두 사람이 예수님처럼 40일 동안 금식하기로 작정했습니다. 그들은 죽어가는 것으로 간주되어 감방에서 쫓겨났습니다. 훗날 그들이 회복되어 탈출했다는 소문을 들었습니다."

"내가 신의주 감옥에 있을 때 안이숙이란 젊은 여성이 있었습니다. 그녀는 일본 의회의 회의장에 유인물을 뿌렸는데, 그것은 거짓된 태양신 숭배로 인해 일본에 큰 재앙이 임박했다고 경고하며 한국에서 신사참배를 폐지할 것을 촉구하는 내용이었습니다. 내가 감옥에서 풀려난 후에 들은 소식은 그녀가 심한 우울

중에 빠졌고 풀려난 뒤에는 교회 가는 것을 중단했다는 것입니다. 그래서 나는 그녀를 찾아가서 다시 교회에 다니도록 권했습니다. 3개월 전에 그녀가 다시 교회에 나오기 시작했다고 들었습니다.”

“박 장로라는 분이 있었습니다. 그는 에스겔 3장 18절의 경고를 가슴에 새겼습니다. ‘가령 내가 악인에게 말하기를 너는 꼭 죽으리라 할 때에 네가 깨우치지 아니하거나 말로 악인에게 일러서 그의 악한 길을 떠나 생명을 구원하게 하지 아니하면, 그 악인은 그의 죄악 중에서 죽으려니와 내가 그의 피 값을 네 손에서 찾을 것이고.’ 그는 스스로를 일본을 위한 파수꾼이라고 불렀습니다. 그는 일본인에게 우상숭배의 죄에 대해 경고하기 시작했습니다. 그는 체포되어 여러 번 매질을 당하였고, 결국은 내가 있던 신의주 교도소로 왔습니다. 박 장로는 신앙심이 깊고 열정적인 사람이었습니다. 나는 그에게서 많은 은혜를 받았습니다. 어느 날 일본인 간수에게 구타를 당하는 중에 더 때려 달라고 했습니다. 자기를 때려서 죽게 해 달라고 요청했습니다. 그는 주 예수님을 위해 죽기를 원했습니다. 그 순사들은 어안이 벙벙했습니다. 그들은 도저히 이해할 수 없었습니다. 그들은 결국 그의 요청을 들어주지 않기로 결정했습니다. 그때부터 구타를 중단했습니다. 박 장로는 무척 실망했습니다.”

“내가 처음 체포되었을 때는 감옥에서 죽을 것으로 예상했습니다. 죽는 한이 있어도 굴복해서 신사참배를 하지 않겠다고 결심했습니다. 구속된 지 거의 2년 후 미국이 일본에 선전포고를 했다는 소식을 들었습니다. 그때 나는 일본이 패배할 것을 알았습니다. 일본의 패망은 시간문제일 뿐이라 내가 살아만 있다면 풀려날 것을 알았습니다. 일본이 치욕을 당해서 마음으로 복음에 귀를 기울일 것을 알았습니다. 내가 일본에 가서 우상숭배에서, 즉 그들을 그토록 잔인하게 만들고 그들 자신에게 재앙을 초래한 그 우상숭배에서 돌이키도록 설파해야겠다고 느꼈습니다. 그래서 일본어를 공부하기 시작했습니다. 감옥의 관리들은 그것이 곧 내 마음이 약해진 징조라고 생각하고 나를 격려해 주었습니다. 내가 품은 진짜 목적은 그들이 꿈에도 생각하지 못했습니다.”

“하나님은 내게 그 길은 열어 주시지 않았습니다. 하지만 전쟁이 끝났을 때 나는 증언할 기회를 얻었습니다. 어느 날 밤, 간수가 내 방에 들어오더니 내 번호를 부르는 대신 친근하게 ‘서 목사’ 하고 불렀습니다. 나는 너무 놀라서 이게 꿈인가 싶었습니다. ‘당신은 살아계신 참 하나님을 알고 있소. 그분을 위해 많은 고난을 당했소. 이제 당신이 승리했소. '아니, 어떻게?' 하고 내가 어리둥절해서 물었습니다. '전쟁이 끝났습니다! 일본은 항복했습니다. 당신은 이제 자유의 몸이 될 겁니다.' 7년 만에 들은 그 소식은 꿈만 같았습니다. 그동안 일본이 승승장구하고 있고 곧 백악관에서 평화조약을 체결할 것이란 선전을 들어왔기 때문입니다. 나는 그것이 모두 거짓말임을 알았습니다. 그런 거짓말에 너무 익숙해져 있었습니다. 그러나 일본의 패망은 너무도 뜻밖의 소식으로 다가왔습니다."

"나는 너무 쇠약해져서 감옥에서 걸어 나올 수조차 없었습니다. 신의주에 사는 몇몇 기독교인 형제들이 와서 나를 어느 집으로 데려갔습니다. 거기서 극진한 보살핌을 받아서 혹시 내가 천국에 온 것은 아닌가 하는 생각이 들 정도였습니다. 그러나 나는 떠나고 싶은 마음이 간절했습니다. 내가 체포되어 끔찍한 심문을 당한 강계, 일본인들에게 그들의 성경으로 성경구절을 읽어 주며 예수님을 믿으라고 권유했던 강계로 돌아가고 싶었습니다. 일본인 순사들이 일본으로 돌아가기 전에 그곳으로 돌아가고 싶었습니다."

"내가 도착했을 때 다행히 200명의 일본인 순사가 아직 강계에 있었습니다. 그들은 경찰서에 모여 안전행동 수칙을 기다리고 있었습니다. 그들은 한국인의 보복을 두려워했습니다. 그래서 나는 나와 함께 체포되었던 고 목사와 경찰서 본부에 갔습니다. 우리는 일본인 순사들과 얘기해도 좋다는 허락을 받았습니다. 나를 심문하고 구타했던 몇 사람이 눈에 띄었습니다.”

“여러분은 일본의 태양신이 기독교의 하나님보다 더 위대하다고 우리에게 말하곤 했소. 그 여신이 모든 신들 중에 가장 위대해서 일본에 승리를 안겨 줄 것이라고 했소. 이제 여러분이 틀렸다는 것을 알게 되었소. 그때 우리는 그 그릇된 믿음이 여러분에게 고통과 패배를 초래할 것이라고 경고하며 성경의 하나님만이 살아계신 참 하나님이라고 말하지 않았소? 그런데 여러분은 우리에게 매질을 하고 우리를 죽이고 싶어 했소. 하지만 우리는 여러분을 저주하러 온 것이 아니오. 우리가 여기에 온 이유는 여러분이 하나님에게 큰 죄를 지었음에도 불구하고 그분은 여전히 여러분을 사랑하고 있음을 알리기 위해서요. 우리는 여러분이 우리에게 저지른 잘못을 기꺼이 용서하오. 또한 여러분이 회개하고 하나님께로 돌이킨다면 그분도 기꺼이 여러분을 용서해 주실 것임을 알고 있소. 하나님의 독생자인 예수님이 여러분의 죄 때문에 십자가에서 돌아가셨소. 그분을 믿기만 하면 그분이 여러분의 죄를 용서해 줄 뿐만 아니라 영생도 주실 것이요.

그분을 지금 당신의 구원자와 주님으로 영접하지 않으시겠소?’ 많은 일본인 순사들이 눈물을 흘리기 시작했습니다. 그들이 앞으로 나와 우리의 손을 꼭 쥐었습니다.”

“나는 바울과 빌립보 감옥의 간수에 대해 생각하지 않을 수 없었습니다. 그래서 그 주옥같은 말씀을 되뇌었습니다. ‘주 예수를 믿으라. 그리하면 너와 네 집이 구원을 얻으리라.’”

“완고했던 일본인 순사들이 고향으로 돌아가면 꼭 기독교인이 되겠고, 가족도 믿게 하겠다고 눈물로 보증했습니다.”

“남은 날이 며칠밖에 되지 않았지만 우리는 매일 그들을 찾아가 하나님의 말씀과 놀라운 약속들을 읽어 주었습니다. 그들은 갈급한 심정으로 귀를 기울였습니다. 우리는 그들과 함께 기도했습니다. 그들은 심심한 감사를 표명했습니다.”

“우리는 그들 중 누구의 소식도 듣지 못했습니다. 얼마나 많은 사람이 기독교인이 되었는지 모르지만 하나님께서 많은 영혼들을 구원하셨다고 확신합니다. 그래서 우리의 고난이 헛되지 않았다는 것을 알았습니다.”

그의 이야기를 듣다가 내가 물었다.

“서 목사님, 그런데 왜 기꺼이 그 모든 고난과 역경의 길을 걸으려고 했습니까?”

그는 놀란 표정을 짓더니, "왜냐고요?" 하고 되물었다. "주 예수님을 위해 그렇게 했죠."

"그렇군요. 하지만 왜 기꺼이 그분을 위해 고난의 길을 가고자 했습니까?" 하고 내가 끈질기게 다시 물었다.

그의 얼굴이 환해지더니 이렇게 대답했다. "그분은 나를 위해 돌아가셨습니다. 그분은 나를 위해 고난을 당하셨습니다. 그분은 나를 구원하셨습니다. 그분은 나에게 영생을 주셨습니다. 그런데 내가 어떻게 그분을 위해 기꺼이 고난을 당하지 않을 수 있겠습니까? 나는 그분에 대한 나의 감사와 사랑을 보여 줄 수 있는 기회가 있어 무척 감사했습니다. 그마저도 너무 부족했다는 생각이 듭니다. 기쁘게 죽을 수도 있었습니다."

그의 얼굴은 더욱 환해졌다. "무주에서 기도회를 하던 그날 아침이 기억나세요? 그때 저는 그분의 십자가를 졌습니다. 이제 기억나시죠? 선교사님이 저에게 십자가는 고난과 죽음을 의미한다고 말씀했잖아요. '내가 그리스도와 함께 십자가에 못 박혔나니 그런즉 이제는 내가 사는 것이 아니요 오직 내 안에 그리스도께서 사시는 것이라. 이제 내가 육체 가운데 사는 것은 나를 사랑하사 나를 위하여 자기 자신을 버리신 하나님의 아들을 믿는 믿음 안에서 사는 것이라'(갈 2:20). 그것입니다. 그분이 저를 사랑하셨습니다. 그분이 저를 위해 그 자신을 내주셨습니다!"

실제로 서 목사는 주님을 위해 그 자신을 내주었다. 출옥 후 7년을 더 살면서 대구 중앙장로교회를 포함해 여러 교회를 섬겼고, 부흥회 강사로 초대받은 적이 무척 많았지만, 안타깝게도 수감 중에 받은 고통에서 건강을 완전히 회복하지 못했다. 1952년 여름, 수혈을 받던 중 갑자기 '더 높은 곳'으로 부름을 받았다. 서 목사가 사랑했던 주님의 못 자국 난 손에 들린 순교자 면류관이 그를 기다리고 있었다고 나는 확신한다.

그동안 '오늘을 위한 선교 메시지'에 관해 많은 글이 쓰였고 많은 강연이 행해졌다. 비기독교 세계를 주님께 인도하기 위해 어떤 접근이 필요한지에 대해 다양한 의견들이 제시되었다. 그 가운데 일부는 뉴욕 선교국의 석좌 선교사들이나 미국의 신학교 교수들이 내놓은 것들이다. 때로는 사회적 향상을 통한 접근이, 때로는 농업 발전을 통한 접근이, 때로는 문화적 교류를 통한 접근이, 때로는 사랑의 봉사를 통한 접근이 필요하다는 소리를 듣는다. 물론 이 모든 노력은 그 나름의 가치를 가지고 영향력을 발휘한다.

그러나 내게는 거의 40년을 이곳 한국에서 사역한 끝에 품게 된 또 다른 확신이 있다. 한국의 기독교인들과 그들의 토담벽 집에서 거주하고, 그들의 밥상에서 함께 먹고, 종종 그들의 한복을 입고, 그들과 함께 예배드리고, 그들과 함께 기도하고, 수천 건의 세례문답 시험을 주관하고, 그들에게 그들의 언어로 하나님의 말씀을 가르치며 그들의 표정을 관찰하고, 그들이 좋아하는 찬송가를 부르는 것을 듣고, 새벽기도회에서 그들이 영혼을 쏟아 붓는 기도소리를 들으면서 보낸 그 40년이 흐른 후, 그들의 마음을 사로잡은 메시지, 곧 그들을 감옥으로, '기쁨으로 받는' 구타로, 죽음으로, 또는 그들의 동족에게 복음을 증언하는 일로, 초가지붕과 맥주 깡통으로 엮은 지붕을 가진 교회들로 보내는 그 메시지는 바로 서씨를 사로잡은 메시지이며, 바울의 위대한 마음을 사로잡은 메시지라는 확신이다. "하나님은 나를 사랑하셨고, 나를 위해 그 자신을 내어주셨다."

나의 주 나의 그주 예수여,
그대를 날 위해
속죄제물로 주셨으니
나 자신 그대에게 드리네
나에겐 다른 주인 없으니

내 맘은 주님의 보좌

내 인생 주님께 드려

이제부턴 오직 주님

주님만 위해 살겠네.

검정 갓에 도포를 걸친 백인 남성과 단발머리에 치마저고리를 입고 다소곳이 선 백인 여성의 모습이 알 수 없는 정감을 불러일으킨다. 꽤 오래된 사진 속의 다정한 부부는 어떤 사연으로 한복을 차려 입고 카메라 앞에 섰던 것일까? 우연이라면 아주 기막힌 우연으로 이 사진을 마주하게 된 것이지만, 에벤에셀의 하나님을 찬양할 수밖에 없음은 이 우연이 그분의 절대 주권적 섭리에 따른 필연임을 깨닫게 되었기 때문이다.

2년 전 필라델피아 복음신문 창간을 위해 몇몇 지인들과 젠킨타운에 있는 스타벅스에서 모임을 가졌다. 서재필 박사가 한국인 이민 1호로 필라델피아에 거주한 지 100여 년의 세월이 지나는 동안 필라델피아의 한인 인구는 5만 명으로 늘었다. 그러자 한인공동체의 성장에 발맞춰 복음을 전문으로 다루는 신문을 발행하자는 의견이 대두되었고, 그래서 신문 창간을 위한 의견교환을 목적으로 예비모임을 갖게 된 것이었다. 여러 의견이 나왔지만 구체적으로 어떻게 지면을 채워 나갈지 결정하기가 쉽지 않았다. 나도 연재 청탁을 받았지만 마음을 정하지 못하고 있었다. 그때 내 옆자리에 앉아 있던 한 백인 여성이 우리에게 말을 걸어 왔다.

그 여성은 헬렌 메거(Helen Megger)라는, 사진 속 노부부의 외손녀였다. 대화가 진행되면서 나는 헬렌 메거 여사의 외조부와 외조모가 한국의 복음화에 평생을 바친 한국명 "감부열"(甘富悅) 선교사 부부임을 알게 됐다. 그 자리에서 그녀는 자신의 아이패드 속의 사진을 보여 주었는데, 위 사진이 그중 하나였다. 메거 여사의 아이패드 속에는 감부열 선교사가 직접 그린 그림과 서신들, 신문 기사들도 스크랩되어 있었다. 무엇보다도 우리의 관심을 끈 것은 감부열 선교사가 직접 저술한 책이었다.

옆에 앉아 있던 필라밀알선교회 단장을 맡은 목사님이 이 책을 한국어로 번역해 실어 보자고 제안했다. 마침 글감이 필요하던 차라 우선 글을 확인하고 싶었다. 우리는 그 자리에서 잠정적으로 신문에 연재하기로 합의를 했고, 그 글은 이후 1년 반에 걸쳐 신문에 연재되었다. 필라델피아 기독교 주간지 창간을 앞두고 때마침 한국기독교 선교의 선구자인 감부열 선교사의 삶과 저서를 소개할 수 있는 기회가 생긴 것이었다. 의도된 작업은 아니었지만 하나님은 감부열 선교사의 글을 통해 복음의 진면목을 경험케 하는 놀라운 선물을 안겨 주신 셈이다. 더욱 뜻깊은 점은 감부열 선교사가 한국 땅에 첫발을 내디딘 것이 1916년 12월 9일, 즉 현재 2015년 1월을 기준으로 꼭 100년 전 일이었다는 사실이다.

한국에 첫발을 내딛다

감부열 선교사의 본명은 아치볼드 캠벨(Archibald Campbell)이고 그 부인은 헬렌 맥스웰 오트(Helen Maxwell Ott)이다. 감부열 박사는 1890년 9월 28일 필라델피아에서 태어났고, 1913년 6월 워싱턴 주 시애틀에 소재한 워싱턴대학에서 문학사 학위를 받았다. 1916년은 감부열 박사의 생애에서 실로 기념비적인 해였다. 그해 6월에 뉴저지에 위치한 프린스턴 신학교에서 신학사 학위를 받았고, 9월에는 평생의 반려자이자 동역자인 사진

속 아내와 결혼했으며, 10월 24일에는 북장로회 시애틀 노회에
서 목사안수를 받음과 동시에 한국 선교사로 임명되었다. 그리
고 1916년 12월 9일 인천항을 통해 한국에 첫발을 내디뎠다.

　당시 한국은 일제에 강점된 가난과 혼란의 시기였다. 이런 암
흑기에 감부열 선교사와 같은 해외 복음전도자들은 한국인에게
한 줄기 빛과 같은 존재였다. 전 세계적으로 혼란스러운 시기였
던 만큼 선교사들의 한국생활은 이중 삼중의 고난의 연속이었
다. 한국에 온 지 한 달 만에 객사한 선교사도 있었고, 한 살배
기 아들이 죽어 아리랑을 부르며 안타까운 심정을 달랜 선교사
도 있었다. 감부열 선교사의 한국생활도 험난하기 짝이 없었다.

　감부열 선교사의 첫 사역지는 평안북도 강계로, 역사적으로
중죄인들이 가장 많이 유배되었던 곳에서 그리 멀지 않은 곳이
다. 그는 그곳의 양실학교 교장으로 섬겼으며 일제의 신사참배
를 거부하고 1940년에 학교가 문을 닫을 때까지 24년간 선교
활동을 펼쳤다. 잠시 한국에서의 선교활동을 접고 고향 필라델
피아로 돌아와 지역목회도 했으나 해방이 되자마자 한국으로
다시 돌아와 1947년 대구에서 선교사역을 이어갔다. 1951년 9
월에는 대구에 신설된 대한예수교장로회 총회신학교 초대교장
으로 취임했고, 1954년에는 대구에 설립된 계명기독대학(현 계

명대학교)의 초대학장이 되었다. 1960년 정년으로 은퇴하기까지
한국인으로 살며 한국의 복음화를 위해 일생을 바친 분이다.

감부열 선교사 부부에게는 5명의 자녀가 있었는데, 맏딸은
어머니 이름을 따서 '헬렌'이라 이름 지었고, 장남도 아버지의 이
름, '아치'를 그대로 사용했다. 그리고 우리가 만난 메거 여사의
정식 이름도 어머니의 이름을 이어받은 헬렌 메거였다. 그러고
보니 외조모와 어머니, 그리고 메거 여사의 본명 모두 '헬렌'이
다. 훗날 하늘나라에서 하나님이 "헬렌" 하고 부르시면 세 여자
가 서로 얼굴을 쳐다보게 될 것이라고 말하며 한바탕 웃었다.
가족 간에 같은 이름을 사용하게 된 이유를 묻자, 메거 여사는
웃으며 아치 가족 간의 "사랑의 증표"라고 설명했다.

감부열 선교사의 두 아들 중 큰아들 아치는 비행사였는데 불
의의 사고로 요절했고, 둘째 아들 데이빗은 한국에서 자녀 없이
일찍 병으로 죽었다. 그로 인해 헬렌 메거 여사가 감부열 선교
사 가족의 장손녀가 되었다. 그래서 감부열 선교사는 헬렌 메거
여사를 유달리 사랑했고, 안식년을 맞아 미국에 머물 때는 그녀
의 집을 근거로 생활을 했다고 한다. 외할아버지의 유품인 책과
자료들을 이제까지 줄곧 소장해 관리해 온 것도 그러한 외할아
버지의 사랑을 잊지 못하기 때문이 아닐까 싶었다.

헬렌 메거 여사의 어머니와 이모 프란시스는 모두 한국에서 태어나 한국 사람들과 어울리며 유년기를 보냈다고 한다. 그러한 어머니의 영향인지 헬렌 메거 여사는 한국 문화에 매우 익숙했다. '나비야 나비야 이리 날아오너라'로 시작하는 동요를 흥얼거리기도 하고, 손을 들어 '쨈쨈쨈'을 해 보이기도 했다. 한 가지 흥미로운 사실은 이모 프란시스는 평양에 소재한 외국인 기숙학교를 다녔는데, 거기서 사귄 루스(Ruth)라는 친구를 그 유명한 빌리 그래함 목사에게 소개해 준 사람이 바로 그 이모라는 것이었다. 빌리 그래함 목사가 1992년과 1994년에 평양을 방문한 것은 부인인 루스 그래함의 영향이 컸다고 한다.

100년 전 해외 선교활동의 상황은 지금과 매우 달랐다. 산속 깊은 곳에 위치한 오지에 복음을 전하기 위해 정기적으로 순회여행을 떠나야 했는데, 때로는 몇 주씩 걸리기도 했다. 달빛을 초롱불 삼아 좁은 논밭 길을 더듬어 찾아가기도 하고, 여름철 폭우로 불어난 계곡을 맨몸으로 건너기도 했다. 여름철의 폭염을 터키탕에 비유한 것을 보면 북쪽의 산간마을도 폭염을 비켜가지는 못했던 듯하다.

한반도 북쪽 끝 강계지역은 언어와 풍속, 문화와 토양이 전혀 다른데다 뼈를 파고드는 시베리아의 혹독한 추위가 엄습하고 목숨을 위협하는 온갖 맹수들이 출몰하는 지역이었다. 하지만 감부열 선교사는 훗날 자신의 강계생활을 다음과 같이 회고하곤 했다. "날씨는 대체로 매우 좋아 영육을 강건케 했으며, 맑은 하늘과 신선한 공기 속에서는 온종일 걸어 다녀도 피곤하지 않았지요." 캠벨 박사는 해외 선교사역에 대해 이렇게 잘라 말했다. "두말할 것 없이, 그분 때문에 여기에 있는 것입니다."

선교사의 삶

선교사의 삶은 쉽지 않다. 단순히 쉽지 않은 것이 아니라 경제적 궁핍, 언어 장벽, 질병과 풍토병, 무엇보다도 끊임없이 밀려드는 좌절감과 싸워 이겨야 하는 고난 그 자체이다. 혹자는 선교의 목적이 경제적인 진보를 위한 것인지, 모국의 영예를 위한 것인지, 아니면 민주주의를 전파하기 위한 것인지 질문을 던지곤 한다. 그리고 이 부분에 대한 감부열 선교사의 입장은 매우 분명하고 단호하다. "결국 생의 모든 의미는 하나로 귀착됩니다. 발이 아프도록 돌아다녀야 하고, 사랑스럽지 못한 사람들을 사랑해야 하고, 때로는 그들을 겸손히 섬겨야 하며, 배은망덕한 행위를 보고도 못 본 척해야 하며, 동기생들이 받는 월급의 5분의 1을 받으면서 그 모든 어려움을 견뎌내야 하는 삶, 이것이 선교사의 길이요 사명입니다. 그런데 그것이 매우 특별한 은혜라는 것입니다. 근사한 유니폼을 입은 것도 아니고 멋진 휘장이나 음악대가 있는 것도 아니고 노다지를 발견하겠다는 소망이 있는 것도 아닙니다. 아니, 월급 인상 같은 것은 꿈조차 꾸지 못합니다. 그저 하나님이 보내신 머나먼 이방의 땅에서 사명을 감당할 뿐입니다. 하지만 이것이야말로 하나님의 뜻을 따른다는 말의 특별한 의미이며 은혜이지요."

감부열 선교사는 하나님이 보내신 곳에서 44년 동안 사명을 감당했다. 하지만 그분이 가져온 선교의 성과는 수치로 환산할 길이 없다. 감부열 선교사는 아내 헬렌과 1916년 9월 27일 결혼식을 올렸는데, 아내 헬렌은 그날의 일을 이렇게 회상한다. "포코노로 간단히 신혼여행을 다녀온 후 후다닥 짐을 싸서 진짜 신혼여행을 떠났죠. 그 신혼여행이 50년 이상 지속되었는데 대부분 한국에서 보냈습니다." 한국에서 보냈다고는 하지만 사역을 감당하는 과정 중에 캠벨 부부는 여러 차례 별거를 피할 수 없었다. 운송수단이 열악했던 시절이라 해외여행은 몇 달씩 걸리는 긴 여정이었고, 태평양 전쟁과 한국 전쟁이 발발했을 때는 서로 헤어져서 살아야 하기도 했다. 한국 전쟁 때 헬렌은 일본으로 피신했으나 감부열 선교사는 한국에 남아 있었다. 한국에 남아 있는 것이 한국 교인들에게 큰 힘과 위안이 된다는 것을 알았기 때문이었다.

그는 질병으로 큰 고난을 겪기도 했다. 한국에서 순회 목회를 하는 도중, 한번은 벌레에 물려 큰 고생을 했다고 한다. 장티푸스에 걸려 41도의 고열에 시달리던 그는 사람과 나귀의 등에 번갈아 업혀 어렵사리 미국인이 운영하는 광산촌의 간이 진료소에 입원했다. 간호사는 다음 날 전보를 띄워 의사를 호출했고, 당시 한국에서 함께 선교사로 머물던 사촌형도 불렀다. 의사와 형은 시설과 물자가 부족하다고 판단해 그를 순천에 있는 병원으로 이송하기로 결정했다. 포드 자동차에 실리기도 하고 미어터지는 기차에 태워졌다가 때로는 들것에 실려 간신히 병원에 도착할 수 있었다. 후송 도중 감부열 선교사는 생사의 갈림길에서 혼절을 거듭했다. 의사와 간호사의 말에 따르면, 그가 의식을 회복한 건 아내인 헬렌이 처음 병상을 찾아왔을 때라고 한다.

훗날 감부열 선교사는 회고록에 다음과 같이 기록했다. "나흘 동안 예순 네 번 강심제를 투여받았다. 하지만 정말로 효과를 발휘한 건 헬렌이 찾아온 것이었다. 그 순간부터 나는 급격히 호전되기 시작했다. 물론 나를 치료하느라 간호사는 녹초가 되었고 의사들은 흰머리가 늘었겠지만 환자인 나에게는 더없이 유익했던 시간이었다. 당시 나는 체중의 36kg을 잃었고 건강은 극도로 나빠졌던 터라 의사는 삼시 세끼를 잘 챙겨 먹으라는 특별 처방을 내렸다. 나는 식욕이 왕성해서 한 달도 안 돼 18kg을 되찾았다. 고열로 시달리는 중에 나는 놀랄 만한 세상 여행을 했고, 무엇과도 바꿀 수 없는 값진 시간을 가졌다. 나는 이 세상에서 '내 것'이라고 주장할 것이 하나도 없음을 깨달았다."

감부열 선교사는 강계읍을 근거지로 주변 산간마을을 순행하며 성찬식을 집행하였다. 말을 타고 순회할 때마다 꼬박 2주씩 걸렸다고 한다. 좁고 험한 산길을 타고 대여섯 채의 가구가 있는 고립무원의 산간마을을 찾아다니다 보니, 야생동물의 습격이 잦아 만일을 대비해 총을 휴대하고 다녔다. 어느 날 좁은 산길에서 곰 한 마리를 만났는데 덩치가 어찌나 컸던지 3발을 연사하고 나서야 죽일 수 있었다고 한다. 그때 감부열 선교사도 곰의 공격으로 큰 상처를 입어 평양으로 후송되었고, 그곳에서 미국의 가족들에게 전보를 띄웠다. 그런데 내용 중에 철자가 하나 빠지는 바람에 -"He was beaten by a bear"(곰에게 물렸다)가 "He was eaten by a bear"(곰에게 먹혔다)로-미국의 가족들은 감부열 선교사가 곰에게 잡아 먹혔다고 한바탕 소동이 났었다고 한다.

헬렌 메거 여사의 이야기를 들으면서 땅끝까지 복음을 전하라는 주님의 지상명령을 충직하게 이행하는 하나님의 메신저, 영적 전선의 개척자라는 말이 저절로 떠올랐다. 초창기 한국에 복음을 들고 와서 생명을 바친 많은 선교사들, 이 땅의 사역자들, 그들이 피를 흘려 다져 놓은 기초 위에 우리가 지금 누리는 거의 모든 것들이 세워졌다. 우리는 지금 그들의 헌신과 생명의 열매를 먹고 있는 것이다.

순수한 열정으로

감부열 선교사는 선교사로서 보람 있었던 일에 대한 질문을 받았을 때, 1954년 전쟁 직후 대구에 계명기독교 대학원을 설립하게 된 일화를 이야기했다. "여러 가지 무모해 보이는 도전들이 많이 있었지만, 그중에서도 장로회신학교를 한국에 건립한다는 것은 정말 무모하기 짝이 없어 보였습니다. 전쟁 직후라 건물은 완전히 파괴되었고, 자금은 부족했고, 자격조건을 갖춘 교수도 턱없이 부족했습니다. 하지만 한국 회중의 강한 열망이 있었고, 꼭 해야만 하는 일이었습니다. 어찌 보면, 주님의 일을 하기에는 그보다 더 좋은 시기가 없었던 것 같습니다. 39명의 한국인과 몇몇 외국인 선교사들로 이사회가 구성되었고, 그 일을 감당할 만한 인물을 물색하는 중이었죠. 어쨌든 이사회는 제가 그 일을 감당할 만한 인물이라고 생각한 모양입니다. 그때 저는 박식한 신학자들의 배출이 아니라 선교에 필요한 헌신적인 사명자를 길러내는 것이 우리의 본분이라고 생각했습니다.”

또한 선교사역 과정에서 아쉬웠던 점에 대해선, 24년간의 북한에서의 사역을 접고 강계지역 교구민들과 함께 나누었던 환송식을 언급했다. 선교사는 신사참배 거부로 일본 군국주의자들로부터 강제 퇴거명령을 받았던 것이다. “1940년 7월 사역지를 떠날 때는 이미 전쟁의 먹구름이 짙게 몰려오고 있었죠. 다시 돌아오리라 믿었기에 크게 소리 내어 울거나 낙담하지 않았습니다. 하지만 그것이 마지막이었고 다시 되돌아갈 수 없었죠. 우리가 사용하던 집은 일본군에 점거되었다가 러시아 군인에게 넘어갔다가 공산당 간부가 차지했죠. 그리고 한국 전쟁 중에 미군 비행기의 폭격으로 사라졌습니다. 책과 결혼선물과 그림 등도 모두 함께 사라진 거죠. 하지만 가장 큰 손실은 사랑하는 교우들과의 교제가 단절된 것이었습니다. 장로교 공동체가 하나도 남김없이 북한 땅에서 사라진 것입니다. 훗날 피난민이 된 교우들을 남한에서 다시 만났죠. 그리고 언젠가 우리 모두는 요단강 건너편에서 다시 만날 것입니다.”

일제강점기를 거쳐 한국 전쟁이라는 참혹한 민족상잔을 겪으며 모든 것이 파괴돼 아무것도 남지 않은 곳에서 다시 시작한 한국이, 어떻게 오늘날 이처럼 우뚝 서게 되었을까? 오늘의 대한민국이 서기까지 기독교와 선교사들이 한국의 사회, 경제, 정치, 교육, 문화 등 모든 영역에 미친 영향은 상상을 뛰어넘는다.

캠벨 선교사의 외손녀인 헬렌 메거 여사와의 두 번째 만남에서 나는 감부열 선교사가 지은『한인 심중의 그리스도: The Christ of the Korean Heart』라는 책을 직접 보고 싶다고 말했다. 그가 한국 기독교인들의 마음속의 어떤 그리스도의 모습을 보았을까 궁금했다. 일주일 후 다시 만났을 때 헬렌 메거 여사는 책은 물론 여러 가지 관련 문서자료와 사진을 보여 주었다. 그것들을 보자 선교사 부부의 한국 사랑이 피부로 와닿았다. 사진을 들여다보고 있는 동안 자신의 외손녀와 자신의 한국선교 기록서를 손에 든 한국의 젊은이를 하늘에서 내려다보고 있는 감부열 선교사는 지금 어떤 생각을 할까 궁금했다. 한국은 꼭 한 세기 전 자신이 평생을 바쳐 복음화에 힘썼던 나라 아니던가? 그곳에서 자신이 목숨을 걸고 뿌렸던 복음의 씨앗이 열매를 맺어 다시 자신의 고향 필라델피아에서 새로운 씨앗으로 뿌려지게 될 것임을 선교사는 예상이나 했을까?

나는 집으로 돌아와 헬렌 머거 여사에게서 받은 책을 한 장한 장 넘기며 고통 받는 한국 민족에 대한 감부열 선교사의 연민과 사랑 그리고 그리스도의 사랑을 절실히 느낄 수 있었다.책 제목이 말하듯 캠벨 선교사는 선교사의 우월적 신앙관으로한국인들의 신앙생활을 평가하거나 관찰하지 않는다. 순수하고 열정적이었던 한국인의 마음에 자리 잡은 그리스도의 사랑과그에 감화 받은 자신의 경험담을 무한한 애정을 가지고 담담히기록한다.

1954년 처음 출판된 이 책은 일제강점기와 한국 전쟁 기간에그리스도를 만난 한국 기독교인들의 모습을 고스란히 담고 있다. 신사참배를 거부해서 옥살이를 하는 기독교인들과 북한 공산당의 박해를 받은 기독교인들의 이야기가 나오고, 여순반란사건 때 자신의 두 아들을 죽인 공산당 젊은이를 용서하는 손양원 목사 이야기도 등장한다. 책 전체에서 드러나는 저자의 주된 관심은 고난과 환란을 당한 한국 기독교인들이 어떻게 신앙과 믿음을 오롯이 세워 나가는가 하는 것이다. 그들이 보여 준기독교인의 신앙의 핵심은 예수님이 십자가의 고난을 받으시고의를 위해 죽으셨듯 제자 된 신앙인의 삶도 스승과 마찬가지로자신의 십자가를 기꺼이 짊어지는 삶이어야 한다는 것이다.

한국의 길을 걷고 있는 예수

초판 1쇄 인쇄   2018년 7월 11일
초판 1쇄 발행   2018년 7월 20일

지은이 감부열
옮긴이 민경진
펴낸이 홍병룡
만든이 최규식·정선숙

펴낸곳 협동조합 아바서원
등록 제 274251-0007344
주소 서울시 영등포구 도림로 139길 8-1 3층
전화 02-388-7944 **팩스** 02-389-7944
이메일 abbabooks@hanmail.net

©협동조합 아바서원, 2018

ISBN 979-11-85066-80-6 03230

잘못 만들어진 책은 구입한 곳에서 교환해 드립니다.